संस्कार

संस्कार

विष्णु प्रभाकर

वाणी प्रकाशन

वाणी प्रकाशन
4695, 21-ए, दरियागंज, नयी दिल्ली 110 002

फ़ोन : +91 11 23273167 फ़ैक्स : +91 11 23275710

शाखाएँ

अशोक राजपथ, पटना 800 004, बिहार

कॉफ़ी हाउस कैम्पस, महात्मा गांधी मार्ग, इलाहाबाद 211 001, उत्तर प्रदेश

महात्मा गांधी अन्तरराष्ट्रीय हिन्दी विश्वविद्यालय, वर्धा 442 001, महाराष्ट्र

www.vaniprakashan.in
marketing@vaniprakashan.in
sales@vaniprakashan.in

SANSKAR
by Vishnu Prabhakar

ISBN : 978-93-5072-618-1
Novel

प्रथम संस्करण 2014
आवृत्ति 2018

मूल्य : ₹ 200

एम.एस. प्रिंटर्स, दिल्ली-110 095 में मुद्रित

वाणी प्रकाशन का लोगो मक़बूल फ़िदा हुसेन की कूची से

दो शब्द

प्रायः कथा-साहित्य के लिए किसी प्रकार की भूमिका की आवश्यकता नहीं होती। पर इसकी रचना-प्रक्रिया के पीछे एक कहानी है। इस कृति में तीन लघु-उपन्यास या तीन लम्बी कहानियाँ संकलित हुई हैं। उनकी रचना, उस क्रम से नहीं हुई, जिस क्रम से वे संकलन में आयी हैं। मैं बोलकर नहीं लिखा सकता, पर यह अनोखा संयोग है कि ये तीनों रचनाएँ बोलकर लिखवाई गयी हैं। बात सम्भवतः 1954-55 की है। मेरे टाइपिस्ट मित्र आशुलिपि का कोर्स कर रहे थे। एक दिन बोले, 'आप मुझे कुछ बोलकर लिखवाइए, मेरा अभ्यास हो जाएगा।' उस समय मेरे मन में एक लम्बी कहानी रूप ले रही थी। बोलकर लिखाने का मुझे अभ्यास नहीं था; फिर भी, अपने

मित्र के आग्रह पर, यह दुस्साहस किया और इस तरह 'स्वप्नमयी' की पाण्डुलिपि तैयार हो गयी।

'स्वप्नमयी' की कहानी एक सत्य घटना पर आधारित है और इस घटना का सम्बन्ध उपन्यास के अन्त से है। उस समय 'धर्मयुग' में धारावाहिक रूप में प्रकाशित हुआ था। इसे पढ़कर मुझे कई महिलाओं ने पत्र लिखे। एक बहन ने तो मुझे यह कहकर संकट में डाल दिया कि कामोबेश यह उनके जीवन की कहानी है।

यह सब लिखकर मैं इस लघु-उपन्यास की सत्यता को प्रमाणित करना नहीं चाहता। यह तो एक घटना पर आधारित मेरे मन की कहानी है। इसलिए इसमें कुछ असाधारण बातें भी आ गयी हैं। इन घटनाओं का इस कथा में समावेश होना पूर्व-नियोजित नहीं था।

यह एक ऐसी माँ की कहानी है जो नारी-मुक्ति का स्वप्न तो देखती है, पर अन्त में अपनी सास के चक्रव्यूह में फँस जाती है। इसलिए और भी फँस जाती है क्योंकि वह प्रयोग करने में विश्वास करती है। लेकिन स्वप्न को चरितार्थ करने के लिए व्यक्ति को अपने ऊपर और भी अंकुश लगाना पड़ता है। इसका संकेत भी नायिका की देवरानी के चरित्र में मिलता है। इस संकलन में वह 'स्वप्न' के नाम से संकलित है।

दूसरा उपन्यास 'दर्पण का व्यक्ति' इसके लगभग दस वर्ष बाद, इसी तरह बोलकर लिखवाया था। इसकी प्रेरणा मुझे महापण्डित राहुल सांकृत्यायन के बाल-विवाह से मिली थी। अपनी उस पत्नी को वह कभी स्वीकार नहीं कर सके। और एक दिन घुमक्कड़ी के शौक में घर छोड़कर चले गये। संघर्षों से जूझते हुए, वह तो, कहीं से कहीं पहुँच गये। उनका नाम विश्व में गूँजने लगा। परन्तु हिन्दू संस्कारों से ग्रसित उनकी बालिका-वधू जीवन-भर उनके नाम की माला जपती रही और माँग में सिन्दूर भरे 'करवा चौथ' का व्रत करती रही। अन्तिम काल में, एक बार राहुलजी उनसे मिलने गये थे और उन्हें देखकर उनके नेत्र भीग आये थे। तब उनके मुँह से ये शब्द निकले थे, "मेरे कारण इस नारी का जीवन नष्ट हो गया।"

लेकिन यह मात्र राहुलजी की पत्नी की कहानी नहीं है। यह

तो उस हिन्दू नारी की कहानी है, जिसकी मज्जा में संस्कार कानखजूरे की तरह जड़ जमाकर बैठ जाते हैं। सब कुछ भाग्य पर छोड़कर वह जीवन को घसीटती रहती है। मूल घटना को मैंने इस दृष्टि से नया रूप दिया है। इस संकलन में वह 'संस्कार' के नाम से संकलित है।

यद्यपि यह लघु-उपन्यास 'स्वप्नमयी' से दस वर्ष बाद प्रकाशित हुआ, लेकिन कहानी की दृष्टि से यह उससे पूर्व की कहानी है। इसलिए इसी क्रम से ये उपन्यास इस संकलन में आये हैं। 'दर्पण का व्यक्ति' की नारी 'स्वप्नमयी' से पहले की नारी ही हो सकती है।

ऐसा नहीं कि संस्कारग्रस्त नारी के जीवन में तूफान नहीं आते; लेकिन उनसे संघर्ष करने की शक्ति तो संस्कार लील चुके होते हैं। इसलिए उसका जीवन व्यर्थता में ही समाप्त होता है।

'स्वप्नमयी' उपन्यास सन् 1956 में प्रकाशित हुआ था। उस समय मैं आकाशवाणी में कार्यरत था। उसे पढ़कर मेरी एक सहयोगी ने मुझसे कहा था, "यह तो ठीक है। पर अब कर्ममयी नारी की कहानी कब लिख रहे हैं?"

यह कहानी लिखने की बात मेरे दिमाग में नहीं थी, ऐसी बात नहीं थी। इन दोनों लघु-उपन्यासों के बाद एक ऐसे सशक्त नारी-चरित्र का सृजन करना चाहता था, जो अपने व्यक्ति का स्वतंत्र निर्माण करे और अपने को वह दिखाने की चेष्टा न करे, जो वह नहीं है। वह अपने को पहचानती हो और किसी शर्त पर समझौता करने की बात उसके मन में न आये। ऐसी अदम्य इच्छा-शक्तिवाली नारी की मुझे तलाश थी, जो मुक्ति की चाह में पुरुष बनने की कामना से अपने को बचा सके।

परन्तु उस घटना के बाद मैं शरत बाबू के साथ ऐसा जुड़ा कि बारह वर्ष बीत गये। सन् 1974 में मुझे कर्ममयी की याद आयी। उपन्यास लिखने की रूपरेखा भी तैयार की, लेकिन वह लघु न रहकर वृहद् हो गया। और भी घटनाएँ उससे आ जुड़ीं। वह उपन्यास है 'कोई तो'। उसके बाद फिर मैंने प्रयत्न किया तो अचानक 'अर्द्धनारीश्वर' की कल्पना ने मेरे मस्तिष्क को जकड़ लिया। उसे पूरा करने में आठ वर्ष बीत गये। बाद के इन दोनों उपन्यासों की नारियाँ भी कर्ममयी हैं। लेकिन मैं तो पहले दो उपन्यासों के समान ही लघु-उपन्यास लिखना

चाहता था। इसलिए उसकी रूपरेखा निरन्तर मेरे मन को घेरे रही।

सन् 1955 में 'स्वप्नमयी' लिखने के बाद, सन् 1990 में 'अर्द्धनारीश्वर' के प्रकाशन तक, समय ही नहीं बीता अपितु मानव-मूल्यों में भी परिवर्तन आ गया। तभी सहसा मुझे एक समस्या से दो-चार होना पड़ा। माता-पिता के अलग हो जाने के बाद बच्चे की क्या स्थिति हो जाती है इस पर बहुत कुछ सोचा गया और लिखा भी गया। नाना देशों में फिल्में भी बनीं। इसका परिणाम यह हुआ कि मैंने 'संकल्प' के नाम से एक उपन्यास की रूपरेखा तैयार की। यह अचानक एक दिन सुसुप्तावस्था में, अपने सम्पूर्ण रूप में मेरे सामने साकार हो उठा। अब मैंने इस अवसर को न खोने का निश्चय किया और अपनी सहयोगी आशा के साथ अपने छोटे बेटे के पास नागपुर चला गया। लगभग मैंने अपनी सभी बड़ी रचनाएँ उसके पास रहकर लिखी हैं। पहले वह कानपुर में था और इस समय नागपुर में कार्यरत है। दिल्ली में मैं इतना व्यस्त और त्रस्त रहता हूँ कि कुछ ठोस लिखने का अवसर ही नहीं मिलता। मित्र वहाँ भी मिलने आते हैं, लेकिन सायं पाँच बजे के बाद। तब तक मैं शांत चित्त लिखता रहता हूँ। मेरे मन में एक और बात भी थी कि पहले दोनों लघु-उपन्यासों के समान इसे भी बोलकर लिखवाऊँ। इसलिए मैं छः दिन तक बोलता रहा और आशा लिखती रही। इस तरह यह लघु-उपन्यास तैयार हो गया। इसे मैंने नाम दिया 'संकल्प'। इसकी संरचना में आशा का योगदान भी कम नहीं है। वह केवल लिखती ही नहीं थी, प्रश्नचिह्न भी लगाती थी।

इसे मैंने दूसरे दोनों लघु उपन्यासों की तरह स्वतन्त्र रूप से नहीं छपवाया, बल्कि तीनों को एक ही जिल्द में, एक साथ कर दिया है। 'संस्कार, स्वप्न और संकल्प' यानी नारी की उत्तरोत्तर विकास की मंजिलें।

तो यह है 'संकल्प' के सृजन की कहानी।

पाठकों और समीक्षकों को अधिकार है कि वे इसे किसी भी रूप में ले सकते हैं।

818, कुण्डेवालान, **—विष्णु प्रभाकर**
अजमेरी गेट, दिल्ली

प्रकाशकीय

यशस्वी कथाकार विष्णु प्रभाकर के तीन उपन्यास संस्कार, स्वप्न और संकल्प एक ही जिल्द में 'संकल्प' शीर्षक के अंतर्गत प्रकाशित हुए थे। इन तीनों उपन्यासों का कथ्य है नारी मुक्ति। लेकिन प्रत्येक उपन्यास एक स्वतन्त्र रचना की तरह पढ़ा जा सकता है। इसी में उसकी सार्थकता भी है, क्योंकि तीनों उपन्यास अलग-अलग समय में लिखे गये थे और अपने दौर के मूल्यों और संघर्षों को अभिव्यक्त करते हैं।

प्रवेश

एक स्थानीय दैनिक के पहले पृष्ठ पर निम्न समाचार छपा था–

हमें बड़े खेद के साथ यह सूचना देनी पड़ रही है कि कल रात किसी समय प्रसिद्ध लेखक अमीयकुमार दास का हृदय-गति बन्द हो जाने के कारण देहान्त हो गया। मृत्यु के समय वे अकेले थे और कल ही होटल में आकर ठहरे थे। मैनेजर का कहना है कि वे सदा की तरह शान्त थे। सोने जाने से पहले बहुत देर बातें करते रहे। और जैसाकि हमेशा करते थे, उन्होंने खूब पेट भरकर खाना खाया। उसके बाद कॉफी का एक प्याला लेकर वे सोने चले गये।

उनकी मृत्यु-शय्या के पास एक रहस्यमय लम्बा पत्र मिला है। वह पत्र किसी नारी का है और उसके अन्त में हस्ताक्षर के स्थान पर लिखा हुआ है–'तुम्हारी एक परिचिता'। लेकिन 'पुनश्च' के बाद

जिस नारी के हस्ताक्षर हैं उसका नाम है 'यशोदा'। जानकार क्षेत्रों में उस पत्र के अनेक अर्थ लगाये जा रहे हैं।

पत्र

प्राणप्यारे!

कल करवा चौथ थी। जैसा कि पिछले तीस साल से मैं करती आयी हूँ, कल भी मैंने व्रत रखा। वही वस्त्र पहने जो मैंने पिछले तीस साल से अपने पास सुरक्षित रखे हैं। तुम्हें अचरज होगा, लेकिन तार-तार हो जाने पर भी टीवल का वह लहँगा और सफेद गोटा लगी हुई लाल ओढ़नी आज भी मुझे उस दिन की याद दिला देती है, जिस दिन पहली बार मैंने इनको पहना था। पहली बार जब पहना था, तब क्या विचार मन में उठा था, उसकी धुँधली याद आज तक मिट नहीं पायी। तब शायद मैं विवाह का अर्थ नहीं जानती थी। वह मेरे लिए एक शब्दमात्र था। एक ऐसा खेल था जो केवल मनोरंजन के लिए खेला जाता है। उसमें गुणा की भावना या जैसा कि लोग कहते हैं प्रेम की भावना, अपने को देने और पाने की भावना, इसकी कोई छाया तक नहीं थी। तुम्हारी ही किसी पुस्तक में मैंने पढ़ा है कि 'देने और पाने के गुणा को ही विवाह कहते हैं'।

तुम सोचोगे कि यह पत्र किसका है और यह सम्बोधन कैसा है? पर मैं कोई अपरिचित थोड़े ही हूँ। मैं तुम्हें बहुत अच्छी तरह पहचानती हूँ और तुम भी मुझे अच्छी तरह जानते हो। इससे पहले मैंने तुम्हें कभी कोई पत्र नहीं लिखा। यकीन मानो, आज भी मैं नहीं लिख रही हूँ। लेकिन रात न जाने क्या हुआ कि जब मैं अपने इस टूटे हुए घर में, टूटे हुए शीशे के सामने बैठकर अपनी माँग में सिन्दूर भर रही थी तो ऐसा लगा जैसे शीशे में दूर से एक तसवीर मुझे घूर रही है। वह तसवीर बहुत धुँधली थी। लेकिन मेरी आँखों ने जैसे धुँधलेपन के उस पार देख लिया हो। तसवीर का वह व्यक्ति मेरे लिए हाड़-मांस का एक सुन्दर स्वस्थ पुरुष बन गया। वह पुरुष, जिसके जय-जयकार की ध्वनि अकसर मेरे कानों से आ

टकराती है, और मेरे दिल के टुकड़े-टुकड़े कर देती है।

उसकी सैकड़ों तसवीरें आज मेरी स्मृति के एलबम में सजी हैं। मेरी कापी में भी रखी हुई हैं। इन्हें सामने बैठकर ही तो मैं करवा चौथ की कहानी सुना करती हूँ।

तुम सोचोगे कि मैं कोई एक बात सिलसिले से क्यों नहीं कह रही हूँ। क्या बताऊँ, नदी में जब बाढ़ आती है तो वह किनारे तोड़ देती है। ऐसी ही बाढ़ उस शीशे के सामने बैठे हुए मेरे इस जर्जर, थके शरीर में उमड़ उठी थी।

तुम जानते हो न करवा चौथ की वह कहानी? सात भाइयों की एक बहन थी। वे सातों भाई अपनी बहन को बहुत-बहुत प्यार करते थे। उसके बिना वे खाते नहीं थे। उससे पूछे बिना कहीं जाते नहीं थे। तुम्हें मालूम है न कि करवा चौथ के दिन औरतें अपने पति की मंगलकामना के लिए व्रत रखती हैं। रात को चन्द्रमा के उदय हो जाने पर उसको अर्घ्य देकर तब कहीं भोजन करती हैं। उस बहन ने भी व्रत रखा। लेकिन संध्या को जब उसके भाई खाना खाने के लिए आये तो एक समस्या पैदा हो गयी। भाई उसके बिना खाना खा नहीं सकते थे। लेकिन जब तक चाँद न निकले तब तक बहन खाना कैसे खाये! अभी तो सूरज ही डूबा था। चंद्रोदय होने में बहुत देर थी। तब भाइयों ने ऐसा किया कि एक बहुत ऊँचे पेड़ पर, पत्तों के झुरमुट के पीछे, एक टहनी पर उन्होंने एक दीया रखा। फिर उसे छलनी से ढँक दिया और घर आकर बहन से बोले, "तुम चाँद देखकर खाना खाओगे न? वह देखो, चाँद निकल आया है।"

बहन ने अचरज से उधर देखा। पत्तों के पीछे से छलनी में से होकर दीये का हल्का-हल्का प्रकाश कार्तिक की उस ठण्डी संध्या को आलोकित कर रहा था। भोली बहन कैसे शंका करती कि उस पर जान देनेवाले भाई उसे ठग रहे हैं! दौड़ी-दौड़ी भाभियों के पास गयी। बोली—"भाभी देखो, चाँद निकल आया है। आओ, कहानी सुनकर व्रत का उद्यापन कर डालें।"

भाभियाँ उसके भाइयों को जानती थीं। हँस पड़ीं। बोलीं—"तू

ही अपने भाइयों की लाड़ली है। यह नया चाँद तेरे लिए ही निकला है। तू ही खाना खा। हमारा चाँद अभी नहीं निकला।"

काश! वे भाभियाँ भी ननद को प्यार करती होतीं और सच-सच बात बता देतीं! लेकिन भाइयों के प्यार की मतवाली वह भोली बहन! उसने उस छल को न पहचाना, और विधिवत् व्रत का उद्यापन करके भाइयों के साथ भोजन करने बैठ गयी। विधि ने उसे चेतावनी देनी चाही। पहला ग्रास उठाते ही उसमें बाल निकल आया। दूसरे ग्रास में कंकड़ था और तीसरे ग्रास में भी कुछ ऐसा ही निकला। बहन का माथा ठनका। वह खाना न खा सकी...

तभी अचानक ससुराल से खबर आयी कि उसके पति बहुत बीमार हैं। वह तुरन्त उठ खड़ी हुई। कहाँ तो खुशियाँ मनायी जा रही थीं, कहाँ हाहाकार मच उठा। विधि का विधान देखिए। रोते-रोते माँ ने जब बेटी को विदा करना चाहा तो उसे कोई रंगीन कपड़ा ही न मिला। पड़ोसियों ने कहा, "लाल डोरी लेकर ही बेटी को बिदा कर दो।"

करवा चौथ की देवी एक नहीं है। वे सात बहनें हैं। जब बेटी घर से बिदा हो रही थी तो माँ ने उससे कहा, "रास्ते में जो कुछ भी दिखायी दे उसे पैरों पड़ना कहना और अपने सुहाग का वरदान माँगना।"

बेटी ने यही किया। आदमी, औरत, पेड़, झाड़ी, नदी, तालाब, पशु-पक्षी सभी को वह पैरों पड़ना कहती। उसे करवा चौथ की देवी भी मिली। उसके पैर पकड़कर उसने कहा, "माँ, मुझे सुहाग का आशीर्वाद दो।"

देवी बोली, "तेरा सुहाग तो लुट चुका। मैं ऐसा आशीर्वाद कैसे दूँ?"

सुनकर बेटी पछाड़ खाकर गिर पड़ी। सिसकते हुए उसने देवी से फिर प्रार्थना की, "माँ, तुम तो सर्वशक्तिशालिनी हो। तुम चाहो तो सब कुछ कर सकती हो।"

देवी ने उत्तर दिया, "मैं कुछ नहीं कर सकती। आगे चलकर तुम्हें मेरी दूसरी बहन मिलेगी, शायद वह कुछ कर सके।"

बेटी रोती-रोती आगे बढ़ी। दूसरी बहन मिली। तीसरी मिली। चौथी मिली। पाँचवीं मिली और छठी भी मिली। लेकिन कोई कुछ न कर सकी।...

सोचती हूँ, उस बेटी की क्या दशा हुई होगी! क्या उसका दिल विदीर्ण नहीं हो गया होगा? कभी-कभी मुझे ऐसा लगता है कि जैसे तीस साल के इस लम्बे जीवन में मैंने भी प्रतिपल उस दर्द का अनुभव किया है।...

यह मैं क्या लिख गयी! मेरे सुहाग पर तो कभी संकट नहीं आया। भले ही मेरा हाथ काँपा हो, लेकिन माँग में सिन्दूर भरने का मेरा अधिकार आज तक कोई नहीं छीन सका। यह दूसरी बात है कि जिसके लिए सिन्दूर भरती हूँ वह हमेशा मेरे लिए दर्पण का व्यक्ति बना रहा, आँखों का नहीं बन पाया। लेकिन मैं तो वह कहानी सुना रही थी न!...

छठी बहन के पास जब बेटी पहुँची और उसके पैर पकड़े तो उसने भी वही उत्तर दिया, "मैं अब कुछ नहीं कर सकती।"

बेटी ने बिलखते हुए कहा, "तुम सब कुछ कर सकती हो। जरूर कर सकती हो।"

छठी बहन ने उत्तर दिया, "मैं तो कुछ नहीं कर सकती। लेकिन हमारी सातवीं बहन निश्चय ही कुछ कर सकती है। वह बहुत कुरूपा है। तुम उसे देखकर डरना मत। उसके पैर भी मत छोड़ना।"

बेटी सातवीं बहन के पास पहुँचीं। कैसा विकराल रूप था उसका! मोटे-मोटे होंठ, आगे को निकले हुए बड़े-बड़े नुकीले दाँत, आबनूस का रंग, लाल-लाल आँखें! खाऊँ-फाड़ूँ करती हुई वह बेटी की ओर लपकी। लेकिन बेटी के प्राणों में तो प्रियतम की मूर्ति थी। वह डरी नहीं। लपककर उसने उस दानवी के चरण पकड़ लिये। छोड़ती ही नहीं थी। बस यही कहती थी, "माँ, मेरा सुहाग अचल कर दो। अचल कर दो माँ। उसके पहले मैं यहाँ से नहीं जाऊँगी। छोड़ूँगी भी नहीं।"

देवी ने अनेक चेष्टाएँ कीं, लेकिन सब व्यर्थ गयीं। आखिर वह बोली, "अच्छी बात है। तुम मेरी बात सुनो। अपने पति के पास जाओ और उसकी देह को लेकर एकान्त में जाकर रहने लगो। किसी दिन शिव-पार्वती घूमते हुए वहाँ आएँगे। तब तुम्हारी इच्छा पूर्ण होगी। लेकिन तुम मेरा व्रत बराबर करती रहना।"

बेटी घर पहुँची। वहाँ हाहाकार मचा हुआ था। लेकिन उसने एक भी आँसू नहीं गिराया। बस, पति की लाश को लेकर वह एक निर्जन वन में चली गयी। वहाँ उसने एक कमरा बनवाया और अपने मृत पति के साथ जीवन बिताने लगी।

बारह वर्ष बीत गये—बारह लम्बे वर्ष! लेकिन बहुत लम्बे नहीं। कल की-सी तो बात है। मेरा तुम्हारे साथ विवाह हुआ था। उस कल की बात को आज तीस वर्ष बीत गये हैं। सोचती हूँ, कहाँ से आकर वे तीस वर्ष कहाँ चले गये। मैं आज भी अपने पति की स्मृति लिये बैठी हुई हूँ। लेकिन सौभाग्यशालिनी थी वह बेटी। बारह वर्ष बाद शिव-पार्वती उधर से गुजरे। नारी नारी के दर्द को न पहचानेगी तो कौन पहचानेगा? पार्वती ने बेटी को देखा तो सब कुछ समझ गयीं और भोले बाबा से बोलीं, "कितनी दुखी है यह बच्ची! इसका सुहाग लौटा दो।"

भोले बाबा हँस पड़े। बोले, "पार्वती, तुम नारियों का दिल बड़ा कोमल होता है। लेकिन तुम नहीं जानतीं कि इस लड़की ने कितना बड़ा अपराध किया है।"

पार्वती ने उत्तर दिया, "जानती क्यों नहीं महाराज! लेकिन साथ ही यह भी जानती हूँ कि वह अपराध अनजाने में हुआ है और फिर उसकी कितनी सजा भुगत चुकी है बेचारी। हर बात का अन्त होता है। क्या इसकी पीड़ा का अन्त नहीं होगा? नहीं, आपको मेरी बात माननी ही होगी। इसके पति को जीवित कर दीजिए।"

शंकर ने उसी क्षण अपनी उँगली काट डाली। उसमें से चूकर अमृत की कुछ बूँदें बेटी के पति के शव पर पड़ीं। वह ऐसे उठ बैठा जैसे हम सवेरे सोकर उठते हैं। काश! आजकल भी शिव-पार्वती इस

दुनिया में आते होते तो देख पाते कि उस बेटी जैसी एक और नारी मृत पति को लेकर नहीं, बल्कि एक जीवित पति को लेकर रो रही है। माँग में सिन्दूर भरकर भी वह सुहाग से वंचित है।...

लेकिन बीसवीं सदी में शंकर-पार्वती इस प्रकार नहीं घूमते। इसीलिए ये लम्बे तीस वर्ष उनकी प्रतीक्षा करते-करते बीत गये हैं। मेरा सुहाग मेरे सामने रहकर भी मेरा न हुआ। होता भी कैसे! कहानी की उस बेटी की तरह तो मेरी कहानी नहीं है। इसीलिए नियति ने मेरे जीवन के चारों ओर जो ताना-बाना बुना है वह बिल्कुल ही अलग है। मेरा जीवन व्यर्थ है। लेकिन क्यों? क्यों उस सर्वशक्तिमान प्रभु ने एक निरपराध के जीवन को निरर्थक बनाया है? क्यों उसे दुहरी-तिहरी पीड़ा भुगतने पर विवश किया है?

मैं फिर बहक गयी। तुमने मुझे सामीप्य का सुख नहीं दिया, पर उसके बदले में कितना कुछ दिया—दूरी का बोध, दर्द, शिकायत, अकेलापन, रिक्तता। यह सब न होता तो यह पत्र कैसे लिख पाती! मैं नहीं जानती कि तुम्हें अपने मन की बात समझा सकूँगी भी या नहीं। अगर ऐसा होता तो ये लम्बे तीस वर्ष बंजर भूमि की तरह सूख न जाते। कोई झाड़-झंखाड़ भी तो उनकी रक्षा करनेवाला नहीं था। आज मैं पहली बार महसूस कर रही हूँ जैसे मेरे शरीर, मन और आत्मा में कहीं कोई ऐसा स्रोत है जो इस बंजर भूमि को तोड़कर मुझे कहीं बहा ले जा रहा है। यह अनुभूति मेरे लिए बिल्कुल नयी है। अब तक जो कुछ हुआ, वह आज लगता है जैसे किसी भयंकर दुर्ग के कपाटों को तोड़कर, तीस वर्ष के इस लम्बे फैले हुए परदे पर, उभर उठा है। मेरे अन्दर कुछ है जो तिल-तिल कर मुझे कचोट रहा है, कचोट रहा है कि मैं लिखूँ। इस सबको लिख डालूँ। मुझे पहली बार ऐसा लग रहा है जैसे लिखना एक दोषारोपण हो। मानो मन की अदालत के सामने जज अभियुक्त पर आरोप पर आरोप लगाता चला जाता है। लेकिन नहीं, मैं आरोप नहीं लगाऊँगी। मैं तो बस अपनी बात कहूँगी। और अपराधी कौन है, जिस पर मैं आरोप लगाऊँ? जुल्म करनेवाला अपराधी नहीं होता, अपराधी होता है उन्हें सहनेवाला।

लेकिन क्या मैंने जुल्म सहे हैं? किसने हुए मुझपर जुल्म? ये कैसी बचकानी बातें मेरे मन में उठ रही हैं? मैं क्यों यह बात नहीं समझ पा रही? क्यों मन के वश में हुई जा रही हूँ? तुम भी क्या सोचोगे कि कैसी बावली है। काश, मैं बावली हो पाती, तो आज चालीस वर्ष की इस उम्र में मुझे यह पागलपन न सूझता। मेरा सिर फटा जा रहा है। मेरी धमनियों में लहू बड़ी तेजी से दौड़ रहा है। मेरे जोड़ों में बड़े जोर से पीड़ा हो रही है। मुझे ऐसा मालूम हो रहा है जैसे तीस वर्षो का यह संचित ज्वर मुझपर आक्रमण करने आ रहा है।

उस आक्रमण से पहले ही मैं तुमसे कुछ बातें तो कर लूँ। मेरे इस अधिकार को तो कोई चुनौती नहीं दे सकता न। तुम्हें तो अच्छी तरह याद होगा कि तीस वर्ष पहले तुम दुल्हा बनकर मेरी देहरी पर आये थे। कितनी अबोध थी मैं! गुड़िया-सी! नये-नये वस्त्रों में सजी, चाँदी के रूपहले गहनों से लदी और मेहँदी में रँगी। मैं अपने उल्लास को मन में दबाये एक कोने में चिपकी हुई मन और शरीर दोनों को उड़ाकर बाहर ले जाना चाहती थी। पर लाज की अल्हड़ दीवार, माँ-बाप का शासन, ये सब मुझे भीतर धकेल रहे थे। मेरी सखी-सहेलियाँ, बहन, हमजोलियाँ, सब मुझे तरह-तरह से हँसा-रुला रही थीं। मुझे बहुत अच्छी तरह याद है कि तब मेरे मन में कोई साफ तसवीर नहीं थी। मैं जानती भी न थी कि क्या होनेवाला है। एक तमाशा था जिसको मैं देख भी रही थी और उसका केन्द्र भी बनी हुई थी। एक बात मैं आज भी नहीं भूल पा रही हूँ। आयु में कई वर्ष बड़ी मेरी एक सखी ने मुझसे आकर बड़े उल्लास से कहा, "रामो, तेरा बन्ना तो बड़ा सजीला है। रंग जैसे गोरा भभूका। आँखें धप-धप, गोल-गोल भरा हुआ मुँह। खूब हृष्ट-पुष्ट। जी करता है कि मैं उससे विवाह कर लूँ।"

सब मानना, तब मेरे मन में ऐसा उठा था कि उस मुँहजली का गला दबा दूँ। कलमुँही। मेरे धन पर डाका डालना चाहती है।

कैसा है यह मेरा-तेरा? तुम्हें देखा न सुना, बस मन में

अपनेपन का भाव पैदा हो गया। और ऐसा पैदा हुआ कि आज तीस वर्ष बाद भी खत्म नहीं हुआ। हो जाता तो यह चिट्ठी ही क्यों लिखती। मुझे नहीं मालूम कि यह चिट्ठी पूरी भी हो सकेगी या नहीं। सच मानो, चिट्ठी लिखने का मेरा मन नहीं था। यह चिट्ठी तो ऐसी ही है जैसे जीवन के बाद मौत। मैं मौत नहीं चाहती। मैं तो निरन्तर तुम्हें चाहती हूँ।

कैसा हो रहा है मेरा मन! कहानी शुरू करती हूँ तो समाप्ति पहले आ जाती है। यकीन मानना कि अगर यह पत्र तुम्हारे पास पहुँच जाये तो समझ लेना कि इसको लिखने वाली अब तुम्हारी नहीं है। मुझे विश्वास है, ऐसा सोचकर तुम्हें दुःख नहीं होगा। तुम तो इन बातों को मानते ही नहीं हो। कहते हैं, आजकल मूल्य बड़ी तेजी से बदल रहे हैं। मैं तो मूल्य की बात समझती भी नहीं। पर समझानेवाला कोई है, वही तो मुझसे पत्र लिखवा रहा है।

वह दिन, जब तुमने पहले-पहल मेरे दिल में प्रवेश किया, बहुत सुन्दर था। कार्तिक का महीना ही तो था। पूर्णिमा बीत चुकी थी, गुलाबी जाड़ा गहरा होता आ रहा था। हुल-हुल ध्वनि के बीच मैं एक शाल में लिपटी गुड़िया-सी तुम्हारे बराबर, आसन पर बैठी थी। मन में कोई कह रहा था, तोड़ दे ये सब बंधन, उतार दे ये सब वस्त्र, लेकिन ऊपर से सिर्फ इतना ही समझ पा रही थी कि हमारे गाँव के पण्डितजी तुमसे कुछ कह रहे हैं और जोर-जोर से मंत्र पढ़े जा रहे हैं। चारों ओर कोलाहल मचा हुआ है। वह कोलाहल, वह रुदन, वह हर्ष, वह अनुदान–कैसा खेल है यह प्रणय और मिलन का।

ये सब बातें तो आज समझ पायी हूँ। उस दिन तो एक बहुत बड़ा शून्य मेरे चारों ओर बिखरा हुआ था, और सबको रोते हुए देखकर मैं भी जोर-जोर से रो रही थी। किस तरह रथ में बैठकर तुम्हारे घर आयी, किस तरह मैंने वहाँ तीन दिन बिताये–यह सब आज याद करके तुम्हें बताने को मन नहीं करता। तुम ऊब जाओगे। मेरे लिए भी कल की बीती बातें हैं, लेकिन तुम्हारे लिए तो ये बातें

ऐसी हैं, जैसे पिछले जन्म की हों। मेरे लिए वह क्षण, जब मैंने पहली बार तुम्हारी आवाज सुनी, कैसा विलक्षण था। लेकिन क्या तुम्हें भी याद है? तुमने भी कभी मेरी आवाज सुनी?

निर्दयी, तुम्हारे पास कान ही कहाँ थे, जो मेरी आवाज सुनते। तुम तो बहुत दूर, किसी और दुनिया के आदमी थे। मैं तुम्हारी राह ताकती बैठी रही और तुम उस राह को लम्बी, और लम्बी करते चले गये। तुम कभी लौटकर मेरे घर नहीं आये। मैं सुनती रही, तुम्हारी कहानियाँ, जो मेरे कानों में रस उँडेलती रहीं। मेरे मुँह में मिश्री घुलती रही। तुम कहीं पढ़ने चले गये। चार साल तक तुम्हें वहाँ पढ़ना था और उसके बाद दूसरी बार तुम्हें मेरे घर आना था—गौना कराकर मुझे सदा के लिए ले जाने।

लेकिन वे चार साल कभी समाप्त नहीं हुए। इस क्षण तक नहीं हुए। तीस लम्बे वर्ष बीत गये, लेकिन वे चार वर्ष समाप्त होने को ही नहीं आ रहे। क्या कोई गणितज्ञ इस समस्या का हल कर पाएगा? गणितज्ञ क्या कभी किसी समस्या का हल कर सकते हैं? वे तो केवल समस्याओं को जन्म देते हैं।

चार साल बीते भी न थे कि समाचार मिला, तुम विद्यालय से घर नहीं लौटे, कहीं भाग गये। कैसा हाहाकार मच उठा था घर में! मेरी माँ बिलख-बिलखकर रोती थीं। मुझे कोसती थीं कि मैं अभागिन हूँ।

मैं तब भी जैसे खोई-खोई-सी सोच रही थी कि तू भागनेवाला मेरा कौन है?

चौदह साल की हो गयी थी। अनजाने ही एक नयी तरंग मेरे मन में उभरती आ रही थी। कभी-कभी एकान्त में बैठकर रोने लगती थी। पिताजी बार-बार घर से बाहर जाते और हफ्तों बाद लौटकर यही कहते, "कुछ पता नहीं लगा।"

सचमुच तुम्हारा कुछ पता नहीं लगा। मैं जानती हूँ कि तुम्हें उन दिनों मेरी बिलकुल याद नहीं आयी। आती तो शायद तुम भाग न पाते। पर आती भी क्यों? न मैंने रूप पाया है, न रंग। लेकिन

क्या यह रूप-रंग प्रेम के लिए अनिवार्य है? सुना है कि मजनूँ जिस लैला के पीछे पागल था, वह तो कुरूपा थी। प्रेम रूप नहीं देखता। प्रेम हृदय की भाषा को पहचानता है। लेकिन तुम कैसे पढ़ पाते मेरे हृदय की भाषा। पढ़ी-लिखी भी तो नहीं थी कि तुम्हें पत्र पर पत्र लिखकर मोह लेती। तब पति को पत्र लिखना तो क्या, उसकी ओर देखना भी निर्लज्जता का द्योतक था।

परन्तु नहीं...आज मैं तुमसे कुछ नहीं छिपाऊँगी। मैं तुम्हें प्रेमपाती लिखा करती थी। उस पाती के अदृश्य अक्षर भौतिक आँखों से दिखायी नहीं देते। मन की अदृश्य आँखें ही उन्हें पढ़ पाती हैं। मैं नहीं जानती कि तुम उन्हें कभी पढ़ पाये। इतना ही जानती हूँ कि तुम लौटे नहीं। और समय पंख लगाकर उड़ता चला गया। उस सीमाहीन काल की छाती पर मेरी कितनी सिसकियाँ अंकित हैं, यह कौन बता सकेगा। इतना भी याद नहीं है कि कितनी बार मेरी पलकें एक कड़वे धुएँ से घुटी हैं। कितनी बार मेरे ऊपर पहाड़ टूटे हैं, लेकिन मैं कभी दबी नहीं। इस भयानक महासमुद्र में, आशा के किसी तिनके के सहारे बस बहती चली आयी हूँ। शायद दस वर्ष बीत गये थे, जब अचानक एक दिन किसी ने आकर सूचना दी कि तुम्हारा पता लग गया है।

तब हमारे घर में जैसे हर्ष का तूफान आ गया हो। खुशियों का बाँध टूट गया और वह बाँध हर चीज को तोड़ता हुआ सारे दुःख और सरी वेदनाओं को बहा ले गया। मैंने डरते-डरते अपने चारों ओर देखना शुरू किया, छिप-छिपकर बातें सुनने में आनन्द आने लगा। जान गयी कि रोते-रोते कैसे मुसकराया जाता है। सच कहती हूँ, चाँद को देखकर मैं तब घण्टों खड़ी रहती थी। बहती हुई नदी में पैर डालकर मैं सवेरे से शाम कर देती थी। ऐसा लगता था कि इस बहाव में बहकर मैं तुम्हारे चरणों के समीप पहुँच जाऊँगी। मैं बिल्कुल ही बदल गयी थी। जानने लगी थी कि दिल में कुछ उठता है और वह कुछ चाहता है। तब मेरी अवस्था बीस वर्ष की थी।

बीस वर्ष की नारी! तुम तो महान् लेखक हो। जानते होगे कि

यह बीस वर्ष की नारी कैसी होती है! आकाश से झरती किरणें प्रीतम की स्पंदित उँगलियाँ बनकर उसे सहलाने लगती हैं और वह मधुर-मादक सपनों में खो जाती है। न जाने कितनी बार तुमने उनका चित्रण किया होगा। आज लोग बड़े आदर और सम्मान के साथ तुम्हारा नाम लेते हैं। मानव-मन की गहराइयों में पैठकर अपने पात्रों का जो मनोविश्लेषण तुम करते हो, उस पर सारी दुनिया मुग्ध है। मैं तुम्हें यह बताने की धृष्टता कैसे करूँ कि बीस वर्ष की लड़की का दिल कैसे-कैसे करता है। सुनोगे एक कहानी—चाँदनी रात थी। एक बीस वर्ष की लड़की के जीवन की चाँदनी रात, जो किसी की राह में इंतजार की घड़ियाँ गिन रही थी। तब उस चाँद ने उससे क्या बातें कीं—चरम सार्थकता ने चरम निरर्थकता को कैसे-कैसे प्रलोभन दिये। पड़ोस में एक लड़का रहता था सजीला जवान, बदसूरत भी नहीं था। भला बीस वर्ष की आयु में किसी लड़की को कोई भी लड़का बदसूरत कैसे लग सकता है। डरते-डरते वह उसके पास आया। उसने उसे छुआ। पुरुष का वह पहला स्पर्श उसे अरुचिकर नहीं लगा...

लेकिन नहीं! मैं उन बातों का वर्णन नहीं करूँगी। वह लड़की मैं ही तो हूँ। जो कुछ उसने मुझसे कहा था, वह बहुत मीठा और बहुत प्यारा था। मैंने आँखें मीच ली थीं और तब उस पूर्णिमा की रात में मेरे अन्तस्तल पर एक मूर्ति उभरी और वह मूर्ति थी एक गोरे रंग के हृष्ट-पुष्ट बालक की। मैंने उसे छूना चाहा तो सहसा मेरा हाथ जैसे किसी दहकते तवे से टकरा गया हो। वह नवयुवक साथी हँस-हँसकर बातें कर रहा था, लेकिन वह स्पर्श होते ही न जाने क्या हुआ; मैं जैसे जल उठी। मैंने बड़ी तेजी से उस युवक को धक्का दे दिया। वह लड़खड़ाकर गिर पड़ा। और मैं वहाँ से लथपथ भागती हुई अपने घर की कोठरी में जा घुसी। कितनी बोझिल हो उठी थी, वह कोठरी तब! किवाड़ बन्द करके ऐसे पड़ गयी जैसे मेरा सब कुछ लुट गया हो। जैसे किसी ने लोहे की तप्त शलाका से मेरे अंग-अंग दाग दिये हों। जैसे किसी ने मेरी आँखों में जलती हुई सुइयाँ घोंप दी हों। मेरा रोम-रोम चीख उठा। मैं जाऊँगी, आज ही जाऊँगी। संस्कार-बोध की

ये गाँठें आदमी को कैसे जकड़ लेती हैं! फिर कैसा कसमसाता है वह! मैं चाहती थी फूल-सा हलकापन, मिली गाँठ और गाँठें...

समाचार पाकर पिताजी तभी चले गये थे। तीन दिन बाद लौट भी आये, पर उनका वह मुरझाया हुआ चेहरा, जैसे श्मशान से लौटे हों। उन्होंने माताजी से कहा, "उसका पता तो लग गया है, लेकिन वह संन्यासी हो गया है।"

माँ हतप्रभ-सी बोलीं, "संन्यासी हो गया है!"

और फिर वह मौन हो गयीं। तब तुम शायद पच्चीस वर्ष के रहे होंगे। पच्चीस वर्ष की आयु तक ब्रह्मचारी रहने की बात मैंने सुनी थी। लेकिन उसके बाद, सीधे दो आश्रम पार करके संन्यास ले लेने की बात पर मन ने विश्वास नहीं किया। विश्वास करने की बात थी ही नहीं। प्रकृति के नियम तोड़ना आसान बात नहीं है। लेकिन तुम क्या आसान बातें करने के लिए बने हो! अपने लिए तुमने जो मार्ग चुना, वह हमेशा ही परम्परा से अलग था। लेकिन तुमने क्या कभी यह भी सोचा कि तुम्हारा कोई और भी साथी है जो तुम्हारी छाया का अनुगामी है?

पिछले दस वर्षों में मेरे माँ-बाप काफी बूढ़े हो गये थे, लेकिन अब तो उनके सामने एक ही मार्ग शेष रह गया था, और वह मार्ग था मृत्यु का।

तिल-तिल करके कैसे वह मौत के पास गये—यह दर्दभरी कहानी मैं तुम्हें नहीं सुनाऊँगी। वेदना, पीड़ा और त्रास, तुम्हें इन सबका खूब परिचय है। तुम्हारी रचनाओं में मैंने त्रास को पास से देखा है। उसे अनुभव कर सिसकी भी हूँ। लेकिन, क्या तुमने भी कभी अनुभव किया है कि त्रास कैसा होता है? किस तरह वह रोम-रोम में बिंधता चला जाता है?

नहीं, मैं उसके बारे में कुछ नहीं कहूँगी। मुझे वह क्षण आज भी याद है, जब मेरी माँ मृत्यु-शय्या पर पड़ी थी। शायद कुछ ही

मिनट शेष थे उसके जीवन के, जब उसने मुझे अपने पास बुलाया। वह मुझे अकसर कोसती ही रहती थी, लेकिन मैं जानती हूँ कि उसका वह आक्रोश ममता ही का दूसरा रूप था। चंदन भी तो जलकर कोयला ही बन जाता है। माँ की ममता भी बेटा के दुर्भाग्यरूपी दावानल में जलकर कोयला बन गयी थी। और तुम जानते हो, कोयला तो काला ही करता है। लेकिन उस क्षण जैसे वह कोयला दहक उठा। मेरा हाथ अपने वक्ष पर रखकर उसने इतना ही कहा, "बेटी! तुम्हारे इतने बड़े दुर्भाग्य को मिटाने का मैं कोई रास्ता नहीं ढूँढ़ सकी। तुम्हारे दुःख को दूर करने के लिए मैंने कुछ नहीं किया। उसे बढ़ाया ही है। लेकिन अब तो मैं जा रही हूँ। एक बात कहती हूँ, तू वहीं चली जाना। पति की देहरी पर ही तेरा कल्याण हो सकता है। वह जालिम एक दिन लौट आएगा और तेरी तपस्या से प्रभावित होगा।"

फिर कुछ क्षण वह चुप रही। एकाएक उसके चेहरे का भाव पलटा। दहकता हुआ अंगारा जैसे चरम सीमा पर पहुँचकर फिर बिखरने लगा हो। उसने मुझसे कहा, "रामो, देख, अगर तेरे मन में वहाँ जाने की बात न हो तो मत जाना। और...और...तू... ।"

मैं एकाएक काँप उठी। माँ क्या कहना चाहती थी, यह समझने में मुझे देर नहीं लगी। लेकिन वह सब समझकर मेरी इन्द्रियों ने जैसे काम करना छोड़ दिया। परन्तु उसी क्षण मेरी दृष्टि माँ के मुख पर गयी। उसकी अधमुंदी आँखों में कोई आकांक्षा शेष नहीं थी। उसकी गरदन एक ओर लुढ़क चुकी थी। मैं चीत्कार कर उठी। क्या वह यह कहने के लिए ही अब तक बची थी...?

लेकिन मैं हतप्रभ, कुछ कर पाती कि मेरी चीत्कार सुनकर सारा घर वहाँ आ गया। उसके बाद क्या हुआ, यह बताना व्यर्थ है। बताना इतना ही है कि माँ जो कुछ कहना चाहती थी वह यही था कि मैं चाहूँ तो दूसरी शादी कर सकती हूँ। यह पाप नहीं है। मैं जानती हूँ कि तुम इस बात का समर्थन करोगे। लेकिन माँ जिन संस्कारों में पली थी, उनमें इसका समर्थन नहीं हो सकता था। ऐसा

लगता है, मृत्यु के पास पहुँचती हुई मेरी माँ संस्कारों से मुक्त हो चुकी थी। रह गयी थी केवल एक नारी। मैं भी तो नारी हूँ और नारी ही नारी की बात समझ सकती है। माँ मेरी व्यथा को समझ गयी थी। उससे मुक्ति दिलाने के लिए ही उसने मुझे यह अन्तिम आदेश दिया था।

वह चली गयी। कुछ दिन बाद पिताजी भी चले गये। यह सब एक साल के भीतर ही हो गया। उसके बाद मैं थी भी और नहीं भी। 'थी' इस अर्थ में कि मेरा भौतिक शरीर चलता-फिरता और रोता-बिलखता था। 'नहीं' इस अर्थ में कि मेरी भावनाएँ मर चुकी थीं और मेरा मन अपनी शक्ति खो बैठा था। जैसे मैं गाँठों का एक बंडल-मात्र थी, जहाँ न खुलाव था और न निर्बन्धता। निस्सीमता भी नहीं थी। मैं जीवन चाहती थी, लेकिन मुझे मिल रही थी जड़ता। मैं मुक्ति चाहती थी, लेकिन मुझे मिल रहा था बन्धन। करवा चौथ की कहानी की उस लड़की की तरह मेरे भाई मुझे प्यार नहीं करते थे। करते तो मैं तुम्हें पा न जाती! वे मुझ अभागिन को फूटी आँखों से भी नहीं देखते थे। जिस नारी को उसका पति ही न चाहे, तो उसे और कौन चाहेगा! कैसा है हमारा यह जड़ धर्म-विधान! नारी स्वयं में कुछ नहीं है। पति को लेकर ही आत्मीयता, सहानुभूति और आकर्षण उसे मिलता है।

लेकिन कुछ भी हो, इन बातों ने मुझे बल दिया, और विद्रोह की ज्वाला को अन्तर में धारण करती हुई मैं इस निर्णय पर पहुँची कि मुझे अपने घर जाकर रहना चाहिए।

अपना घर, तुम्हारा घर ही तो मेरा अपना घर है। इसलिए मैं तनिक भी विचलित नहीं हुई। और एक दिन सचमुच मैंने अपने आपको तुम्हारे घर में पाया। लेकिन तुम्हारा भी क्या कोई अपना घर था! न जाने तुम्हारे माँ-बाप कब के मर चुके थे। तुम्हें सम्भवतः उनकी याद भी न होगी। चाचा के घर में तुम बड़े हुए। मैं कल्पना कर सकती हूँ कि वेदना की उस काली छाया में तुम कैसे बड़े हुए। तुम्हारी रचनाओं में मैंने उस दर्द को बहुत पास से देखा है। तुम्हारे उस तथाकथित घर की देहरी पर जाकर मैंने स्वयं उसे फिर से अनुभव किया।

रात गहरी होती आ रही है। इस सन्नाटे में झींगुरों की आवाज कितना शोर मचा रही है! और आले में रखी हुई लालटेन मुझे भभक-भभककर चेतावनी दे रही है। उसकी धुँधली रोशनी, उस हिलते हुए प्रकाश में, जो मेरी छाया को भी हिला रहा है, मैं तुम्हारी मूर्ति को स्पष्ट देख रही हूँ। वह मूर्ति जिसमें तुम्हारे पूरे जीवन का इतिहास छिपा है। आज इस अतुल प्रसिद्धि के युग में शायद तुम उसको भूल गये होगे। लेकिन मेरे सामने तो सब कुछ स्पष्ट है।

जब मैं पहली बार यहाँ आयी, तो पास-पड़ोस की औरतें कौतूहल से मुझे देखने आयीं। मेरे मन में बहुत कुछ उमड़-घुमड़ रहा था। मैं उनसे ठीक-ठीक बातें भी नहीं कर पाती थी। उनमें से बहुतों ने मेरे साथ सहानुभूति प्रकट की। उनकी आँखों में आँसू भी आये। छलछलाते प्रेम से उन्होंने मेरी ओर देखा। कितना आकर्षण और कितना स्नेह था उन दृष्टियों में! उनमें से कुछ मेरी माँ की उम्र की थीं, कुछ मेरी उम्र की भी थीं। एक वृद्धा ने, जो नाते में शायद तुम्हारी कुछ लगती भी थी, मुझसे कहा था, "वह अभागा तो ऐसा ही है। उसने माँ-बाप को कोई सुख नहीं दिया, तुझे भी वह कैसे सुखी करता! तेरे सामने तो यह पहाड़-सा जीवन पड़ा है। कैसे गुजारेगी तू?"

कुछ औरतें ऐसी भी थीं, जिन्होंने मुझे ही कोसा। कहने लगीं, "अभागिन अपने भाग्य के साथ घर को भी ले डूबी।"

कुछ ऐसी भी थीं, जो भाग्य को नहीं मानती थीं। केवल इतना ही जानती थीं कि मैं दुखी हूँ और दुखी के साथ केवल सहानुभूति ही प्रकट की जा सकती है। वे मेरे पास आतीं, अपने सुख-दुःख की बातें करतीं और मेरे मन की थाह लेने की कोशिश करतीं। इक्कीस वर्ष की उस मादक अवस्था में मुझे उनकी आँखों की भाषा पढ़ने का ज्ञान न हो, यह बात नहीं थी। मैं उनके मन को पढ़ लेती थी और तब मुझे ऐसा लगता था जैसे मेरे रोएँ-रोएँ में अग्नि धधक उठी है। मैं जानती हूँ कि उनकी दृष्टि में सच्चा स्नेह था, पर उस स्नेह को बल कहाँ से मिलता था, यह भी तो जाने बिना न रह पाती थी। लेकिन हर चीज की अपनी रुत होती है, गुलदस्तों में ताजा फूल सजा

देने से ही तो वसंत नहीं आ जाता।

धीरे-धीरे दिन बीतते जा रहे थे। मैं नित्यप्रति तुम्हारे उस घर को बनाती-सँवारती जा रही थी—इस आशा से कि एक दिन तुम लौट आओगे। मैंने उन दिनों को गिनने-भुलाने के लिए क्या-क्या न किया! आपादमस्तक अपने को काम में डुबा दिया। पड़ोसियों के सुख-दुःख को अपना ही मानने लगी। मानने लगी कि किसी एक की ही न होकर सबकी बन जाने में ही मेरा कल्याण है। लेकिन निर्दयी, मेरे दिल की दुनिया से तुम्हारी वह मूर्ति कभी दूर नहीं हुई। तुम कहीं दूर देश चले गये थे। कभी-कभी मैं तुम्हारे साहस की कहानियाँ सुना करती थी। कभी कोई रिश्ते का देवर आकर मुझसे कहा, "भाभी, भैया बीहड़ जंगलों को पार करके बर्फ की ऊँची-ऊँची चट्टानों को लाँघते हुए कहीं दूर देश चले गये हैं।"

कभी दूसरा देवर आता और सुना जाता, "भाभी, भैया तो समुद्र पार के मुल्क में हैं।"

बचपन में मैंने अपनी दादी से उस राजकुमार की कहानी सुनी थी जो अपने मन की राजकुमारी को पाने के लिए सात समुद्र पार जाया करता था और बड़े-बड़े बीहड़ वन, जंगल और पहाड़ पार करके किसी दानव की नगरी में कैद की हुई राजकुमारी को छुड़ा लाता था। क्या तुम्हारी राजकुमारी भी कहीं कैद थी?

ये सब बातें सोच-सोचकर मैं कल्पनाओं का आल-जाल बुनने लगती। मुझे लगता जैसे मैं प्यासी हूँ। इतनी प्यासी कि सातों समुद्रों का खारा पानी भी मेरी प्यास नहीं बुझा सकता। और न हिमालय की ऊँची-ऊँची चोटियों का शाश्वत हिम ही मेरी अग्नि को शान्त कर सकता है। मेरे जैसा कोई व्यक्ति तुम्हें प्यार कर सकता है, यह विचार मन में आते ही मैं क्रोध से काँप उठती थी और ग्लानि से मेरे आँसू बह निकलते थे। सहसा एक दिन दौड़ा-दौड़ा एक देवर मेरे पास आया। वह चीखा-चिल्लाया नहीं। ऐसे चुपचाप आया जैसे कोई रहस्यमयी बात कहनी हो। उसने मुझे बहुत धीरे से पुकारा, "भाभी, तुम कहाँ हो?"

अन्दर की कोठरी से आकर मैंने उसे देखा। वेदना की एक गहरी छाया उसकी आँखों में उभर रही थी। किसी आशंका से सकपकाकर मैंने पूछा, "क्या बात है?"

वह बहुत धीरे से बोला, उसकी वाणी में जैसे व्यथा उभर आयी हो। कहा, "भाभी, गजब हो गया।"

हतप्रभ-विमूढ़ मैं बोली, "क्या हुआ?"

"भैया ने शादी कर ली।"

"क्या?"

वह मुझे विश्वास दिलाता हुआ बोला, "सचमुच भैया ने शादी कर ली है। मैं ठीक कहता हूँ। यह देखो, इस अखबार में लिखा है।"

और वह तेजी से पढ़ने लगा–"स्वामी प्रणवानन्द भारत के प्रसिद्ध विद्वान् और लेखक हैं। उन्होंने किशोरावस्था में संन्यास धारण कर लिया था। लेकिन अभी पिछले हफ्ते उन्होंने अनुभव किया कि वह इस आश्रम के योग्य नहीं हैं, इसलिए बड़े साहस के साथ उन्होंने इसका परित्याग कर दिया। यही नहीं, उन्होंने विवाह भी कर लिया। हम जानते हैं कि प्राचीन पंथी उनके इस कार्य से बहुत ही अप्रसन्न होंगे। लेकिन ऐसा करके उन्होंने जिस साहस का परिचय दिया है वह निश्चय ही अभिनन्दनीय है। जीवन की सम्पूर्णता को समझने के लिए मनुष्य का गृहस्थ आश्रम में प्रवेश करना आवश्यक है। तत्वज्ञानी शंकर को भी इस आश्रम का अनुभव प्राप्त करने के लिए कुछ समय के लिए दूसरे मनुष्य के शरीर में प्रवेश करना पड़ा था। हमारी दृष्टि में उन्होंने कोई पाप नहीं किया।"

इतना पढ़कर वह चुप हो गया। लेकिन तब मेरे मन में जो बवंडर उठा, उसका केन्द्र थे तुम। आश्चर्य, पहले क्षण मैं बहुत प्रसन्न हुई थी, क्योंकि तुम राह पर लौट रहे थे। बेशक उसका कारण मैं न थी, परन्तु मेरी इच्छा तो यही थी कि तुम अपनी डगर पर लौट आओ। तुम लौट आये थे, लेकिन मैं तो जैसे पीछे छूट गयी थी। तुमने, जो अपने पास था, उसको स्वीकार कर लिया, लेकिन जो पीछे रह गया था, उसका ध्यान भी नहीं किया। इसी तथ्य ने कुछ क्षण बाद मुझे

जैसे पागल कर दिया। मां क्रोध से थरथरा उठी। मैंने चीखकर कहा, "यह नहीं हो सकता। नहीं होगा। यह अन्याय है।"

और फिर मैं गिर पड़ी थी। यों तो मैं ठोकर खाकर गिरी थी, मेरा माथा फट गया था। लेकिन सच बात इतनी ही है कि मैं संज्ञाहीन होकर गिरी थी और मैं तुम्हारा रक्त बहाना चाहती थी। जब मेरी आँख खुली तो मैंने पाया कि मेरे सिर पर पट्टी बँधी हुई है। तीव्र ज्वर से मेरा अंग-अंग दहक रहा है।

आँखें खोलकर डरते-डरते मैंने चारों ओर देखा। रिश्ते के मेरे कई देवर, कई सास मेरे चारों ओर इकट्ठी हो गयी थीं और मूर्तिवत् सजलनयन सब मेरी ओर देख रही थीं। क्षण आये और गये। किसी ने कुछ नहीं कहा। मैंने भी कुछ नहीं कहा। जो समुद्र-मंथन मेरे अन्तर में चल रहा था, उसी में मेरी वाणी खो गयी थी। क्या प्यार का यही परिणाम होता है? आखिर क्यों आदमी किसी को प्यार करता है? नारी क्यों पुरुष की ओर आकर्षित होती है? यह सब व्यर्थ है क्या? मेरी जैसी ही एक नारी तुम्हारा प्यार पाने की अधिकारिणी बनी है। वह तुम्हारे प्रत्येक अंग का, मन और आत्मा का स्पर्श पाती होगी। तुम्हारे साथ हँसती-रोती होगी। तुमको खिलाती-पिलाती होगी। तुम्हारी शय्या सँजोती होगी। वह सब कुछ करती होगी। जिसका मुझे कुछ भी अनुभव नहीं है। चालीस साल के इस लम्बे जीवन में, मैंने तुमको पास से देखा ही नहीं है। पर क्या अंग-स्पर्श हुए बिना प्यार नहीं हो सकता?

मैं भी कैसी मूर्ख हूँ! एक बात कहती हूँ कि दूसरी में उलझ जाती हूँ। तुम शायद इस पत्र को पढ़कर भी नहीं पढ़ पाओगे। खैर, जाने दो इन बातों को। मुझे याद है, एक-एक करके वे सब वहाँ से चले गये थे। रह गया था केवल एक देवर। आज मैं तुम्हें कैसे बताऊँ कि वह मुझे कितना प्यार करता था। अकसर मेरे पास बैठकर मेरी ओर देखता ही रहता था। उस दिन भी वह बैठा ही रहा और एकटक मुझे देखता रहा। मैंने धीरे-धीरे दृष्टि घुमाकर उसे देखा, फिर पूछा, "क्या देख रहे हो दीपू?"

उसने धीरे से गरदन घुमाकर फुसफुसाते हुए कहा, "देख रहा

हूँ, तुम किस मिट्टी की बनी हो! कैसे जी रही हो! जी रही हो तो धधक क्यों नहीं उठतीं!"

मैं उसी तरह निःसंग भाव से बोली, "दीपू, ठीक यही बात मेरे मन में उठ रही है। मैं अब धधक उठाना चाहती हूँ और सब कुछ को भस्म कर देना चाहती हूँ। मेरी मदद करोगे?"

दीपू बोला, "क्या करने को कहती हो, बोलो।"

मैंने कहा, "मुझे वहाँ ले चलो।"

वह हँस पड़ा, "भाभी, वहाँ जाना हर एक के वश की बात नहीं है। वहाँ तो विशिष्ट व्यक्ति ही जा सकते हैं—विद्वान्, साहित्यकार या नेता। ऐसा कोई भी तो गुण हममें नहीं है।"

मैंने कहा, "तुम भूलते हो दीपू। मैं विद्वान्, साहित्यकार, नेता कुछ भी नहीं हूँ। लेकिन जो सब कुछ है उसकी परिणीता तो हूँ। यह मेरा अधिकार है और इसी अधिकार के बल पर मैं वहाँ जाऊँगी।"

दीपू की आँखें चमक उठीं। बोला, "हाँ, यह अधिकार तुम्हारा है और इस अधिकार को दुनिया के सामने प्रकट करने में मैं तुम्हारी सहायता करूँगा।"

तब जैसे क्षण-भर में सारा मालिन्य कच्चे रंग की तरह धुल गया। मेरी अँधेरी कोठरी में आलोक बिखर-बिखर उठा, और मैं, युग-युग की प्यासी, उस आलोक को अपने अन्तर में भरने लगी। लेकिन, लेकिन मैं तुमसे कुछ नहीं छिपाऊँगी। यह बिलकुल सच नहीं है। उस आलोक के बीच में लपलपाती हुई लपटें भी उठ रही थीं और मैं स्पष्ट पढ़ सकती थी, उन पर लिखा हुआ था।

'प्रतिशोध'।...

सहसा दीपू उठा। बोला, "अच्छा भाभी, मैं जा रहा हूँ। देखूँगा, क्या हो सकता है।"

मैंने कहा, "दीपू, रुको।"

उसने रुककर मेरी ओर देखा। दृष्टि से दृष्टि मिली। वह मुसकराया। मैं भी जैसे खिल उठी। मैंने तुरन्त कहा, "अच्छा जाओ।"

दीपू चला गया और उस दिन पहली बार मैंने यह अनुभव

किया कि मैं अकेली नहीं रह सकती। मैं चाहती हूँ, तुम मेरे पास रहो। तुम पर मेरा अधिकार है।

मैं नहीं बता सकती कि उसके बाद मेरे दिन किस तरह गुजरे। मैंने अपनी कल्पना के संसार में जीवन के कैसे ताने-बाने बुने। लेकिन हुआ वही जो बहुत पहले कबीर नाम का एक जुलाहा लिख गया था। उस ताने-बाने से जो चादर मैंने बुनी थी, उतारकर उसे वैसे का वैसा ही रख दिया। कई दिन बाद दीपू ने आकर मुझसे कहा, "भाभी, तुम्हें यह जानकर खुशी होगी कि भैया कुछ दिन के लिए देश वापस आ रहे हैं। शादी के तुरन्त बाद वे विदेश चले गये थे।"

न जाने क्या हुआ, स्वयं अपने को अचरज में डालते हुए मैंने कहा, "दीपू, वे आयें या न आयें, मैंने निश्चय कर लिया है, मैं उनके पास नहीं जाऊँगी।"

विस्मित-विमूढ़ दीपू मेरी ओर देखता रह गया। एक क्षण बाद बोला, "क्या तुम समझती हो कि भैया स्वयं यहाँ चलकर आएँगे?"

मैंने कहा, "मैं कुछ नहीं जानती, लेकिन मैं यहाँ से कहीं नहीं जाऊँगी।"

दीपू ठहाका मारकर हँस पड़ा, "मैं समझ गया, तुम्हें यशोधरा की याद आ गयी है।"

मैंने कहा, "यशोधरा? कौन थी वह?"

दीपू उसी तरह हँसता हुआ बोला, "अच्छा, तो तुम मुझे यह बताना चाहती हो कि तुम यशोधरा के बारे में नहीं जानतीं। तुमने महात्मा बुद्ध की कहानी नहीं सुनी? यशोधरा उनकी पत्नी थी और वे पूर्वाश्रम में राजकुमार सिद्धार्थ थे। वे मृत्यु को जीतना चाहते थे; इसीलिए एक निर्जन रात्रि में अपनी परम सुन्दरी पत्नी और अबोध शिशु को छोड़कर ज्ञान की खोज में निकल पड़े थे। एक दिन वे बुद्ध बने और संसार का उद्धार करने के लिए इधर-उधर घूमने लगे। घूमते-घूमते वे पिता के घर भी आये। सारा नगर उनको देखने के लिए उमड़ पड़ा। माता-पिता भी उन्हें देखने गये। उनका बालक भी गया, लेकिन नहीं गयी तो केवल एक उनकी यशोधरा ही नहीं गयी।

उसका यही कहना था, वे मुझे यहीं छोड़कर गये थे, यहीं आकर मुझसे मिलेंगे। और महात्मा बुद्ध को उस मानिनी का मान रखने के लिए वहीं आना पड़ा था।"

यह कहानी सुनकर मेरी आँखें झर पड़ीं। जैसे मेरा मान बह चला हो। मैंने कहा, "तुम किससे मेरी तुलना करने चले हो? कहाँ स्वर्ग की वह देवी, जो अपने नारीत्व को सार्थक कर सकी और विश्व-देवता को अपने चरणों पर झुका सकी, कहाँ मैं नरक का बिलबिलाती एक कीड़ा, जो नारी के अपमान और लज्जा का कारण बन सका है!"

एकाएक दीपू चीख उठा, "अपना अपमान करना सबसे बड़ा पाप है। आज कहे देता हूँ कि एक दिन उसे यहाँ आकर प्रायश्चित करना होगा।"

मैं सहसा कुछ उत्तर न दे सकी। एक झटके के साथ वहाँ से चली गयी और कोठरी के फर्श पर लेटकर पीड़ा की गहराइयों में भटकने लगी। लेकिन उस दिन क्या यह नयी बात थी! न जाने कितनी बार मैं उस नंगे फर्श पर धरती माता की छाती से छाती जुड़ाकर तड़पी हूँ। मेरी छाती की आग को धरती माँ ही तो सहती आयी हैं, नहीं तो इस बीसवीं सदी में मैं कितनी बार भभक उठी होती, और उस ज्वाला में तुम भी भस्म हो गये होते।

दीपू चला गया। कई दिन तक आया ही नहीं। उन कई दिनों में मैं एक भयंकर छाया के साये में जीती रही, फिर एकाएक मुझे सूझा, क्यों न मैं पढ़ना शुरू कर दूँ।

और मैं पढ़ने लगी। मेरी हमजोलियों ने, जिनमें मेरी कई देवरानियाँ और ननदें भी शामिल थीं, मेरी इस हरकत को अच्छी नजर से नहीं देखा। लेकिन दीपू बहुत प्रसन्न हुआ, इतना प्रसन्न कि घण्टों मेरे पास बैठकर मुझे पढ़ाने लगा। तुम्हें यह सुनकर अचरज होगा कि मैं रात को देर-देर तक बैठी पढ़ती रहती थी। क्योंकि मैं जानती थी कि तुम बहुत बड़े लेखक हो। तुमने बहुत-सी पुस्तकें लिखी हैं। मैं उन्हें पढ़ना चाहती थी और चाहती थी कि मैं अपनी कहानी लिख

सकूँ। दीपू ने मुझे बताया कि आदमी जब लक्ष्य को देख लेता है, तो बस उसे पा ही लेता है।

इस नये जीवन के ताने-बाने में उलझकर फिर बहुत-से दिन बीतते चले गये। दिन महीने बने, महीने वर्ष बन गये। मैं अब बहुत अच्छी तरह पढ़ सकती थी। लिख भी सकती थी। एक दिन सोचा कि तुम्हें पत्र लिखूँगी। लिखने लगी, काँपते हाथों से यही सम्बोधन लिखा जो आज लिख रही हूँ। कितने दिन पुरानी बात है! शायद पन्द्रह वर्ष से भी अधिक वर्ष बीत गये हैं। सम्बोधन लिखने के बाद सोचा, क्या लिखूँ? क्या यह लिखूँ कि मैं तुम्हारी पत्नी हूँ? कैसी मूर्खता है! तुम्हारी पत्नी तो तुम्हारे साथ रहती थी, फिर मैं तुम्हारी कौन हूँ? धर्म को साक्षी करके अग्नि के चारों ओर फेरे डालकर बालपन की उस अल्हड़ अवस्था में मैं तुम्हारी पत्नी बनी। पर उस अधिकार को जताने का अवसर मेरे जीवन में कभी नहीं आया। फिर मैं पत्र कैसे लिखूँ, क्यों लिखूँ? नहीं-नहीं, मैं पत्र नहीं लिखूँगी।

और मैंने तभी उस पत्र को टुकड़े-टुकड़े कर फेंक दिया। तुम विश्वास नहीं करोगे। मैंने उन टुकड़ों को फिर से चुना और आग में जला दिया। उस राख को तब तक मलती रही थी, जब तक वह कालस बनकर न रह गयी थी।

उस दिन के बाद मैंने पढ़ना भी छोड़ दिया था। पढ़ने के सहारे मैंने जिन गरमी की लम्बी दुपहरियों और सरदी की लम्बी रातों को क्षणों में काट दिया था, वे ही अब फिर मेरे लिए असह्य हो उठीं। मेरा मन भी ईर्ष्या से कलुषित-सा होता जा रहा था। मैं चिड़चिड़ी हो उठी थी। मौके-बेमौके तुम्हारी पत्नी को कोसा करती थी। मैंने दीपू से मिलना भी छोड़ दिया था। छोड़ क्या दिया था, वह स्वयं शहर चला गया था। लेकिन यह अशान्ति भी बहुत दिनों तक परेशान न कर सकी। आसपास के सभी लोगों ने इस सत्य को स्वीकार कर लिया था कि तुम अब लौटनेवाले नहीं हो। उनकी संवेदना और सहानुभूति इसीलिए अब समाप्त हो चुकी थी। वे मेरे लिए एक निश्चित मार्ग निर्धारित कर चुके थे। भ्रम और मिथ्या जैसे अब कुछ नहीं रहा था।

मुझे जैसे जीवन से मुक्ति मिल गयी थी। और मैं स्वतन्त्र थी, अपने लिए अब एक नया जीवन चुनने को।

मैंने नया जीवन चुना। कैसे चुना, यह बताने लगूँगी तो शायद बता नहीं पाऊँगी। आदमी अपने को सम्पूर्ण रूप से कभी नहीं जानता। कुरेद-कुरेद कर न जाने कितनी परतें खोद लेता है। लेकिन, फिर भी बहुत-सी परतें छिपी रह जाती हैं। केवल तर्क से ही तो सब कुछ सिद्ध नहीं होता। मैं तो कहूँगी कि तर्क से तो सिद्ध होता ही नहीं। इस रास्ते पर चलकर आदमी यंत्र ही बना है। मंत्र वह कभी नहीं पा सका। तुम सोचोगे कि यह ज्ञान मुझे कहाँ से मिला। उस दिन की बात क्या बताऊँ। क्या बताऊँ कि वे दिन कैसे थे! कितना परिवर्तन हो गया था मेरे जीवन में! दीपू का एक बड़ा भाई था। वह मुझसे इतना दूर था जितना दीपू पास। अचानक एक दिन उसकी पत्नी इस संसार से चल बसी। मैं उस समय उसके पास थी। उसके मुख पर दृष्टि गड़ाये देख रही थी कि यह क्या है, जिसे हम चेतना कहते हैं? फिर यह चेतनता कहाँ चली जाती है? मुझे ठीक याद है कि उस कमरे में सन्नाटा गहर-गहर बोल रहा था। मेरी देवरानी की आँखें बन्द थीं। सहसा वे खुलीं। उसने मेरी ओर देखा और फिर उसकी दृष्टि अपने बच्चों पर जाकर टिक गयी। पाँच वर्ष का भोला-भाला-सा लड़का और तीन वर्ष की फूल जैसी लड़की। उसके बाद जैसे सबकी दृष्टि उधर ही उठ गयी हो। उन्हें उसने अपने पास बुलाया। लेकिन, वह रोई नहीं। उनके सिर पर हाथ रखकर उसने फिर चारों ओर देखा। मुझे भी देखा। वह दृष्टि जैसे मेरे अन्तर को बींधती चली गयी। मैं यंत्रवत् उसके पास खिंच आयी। उसने मेरा हाथ पकड़ा और फुसफुसाई, "तुम्हारा दर्द इनके दर्द के साथ मिलकर शायद कुछ कम हो सकता है।"

बस इतना ही उसने कहा, उसके बाद जब मुझे होश आया तो वहाँ हाहाकार मचा हुआ था।

उसके बाद क्रियाकर्म का वह झमेला। कई दिन बीत गये। उसके घरवालों ने मुझसे कुछ नहीं कहा। लेकिन मुझे न जाने क्या

हो गया। घण्टों उनके घर जाकर बैठने लगी। सुख-दुःख में हाथ बँटाने लगी। यहाँ तक कि खेत पर जाकर काम भी करने लगी। लेकिन मेरी इन सारी प्रवृत्तियों का केन्द्र थे, वे दोनों बच्चे। मैं जैसे उनको अपने में समेट लेना चाहती थी। उन बच्चों के दादा थे, लेकिन दादी नहीं थी। ताई थी। जब शोक-संवेदना का युग समाप्त हो गया, तब दीपू के भाई को ऐसा लगने लगा जैसे वे बच्चे उस पर भार बन गये हों। उसकी भाभी के अपने भी बच्चे थे और यह सम्भव नहीं था कि वह इनकी भी माँ बन सके। दीपू का भाई बूढ़ा नहीं हुआ था। उसके लिए दूसरी शादी करना बहुत आसान था और सच तो यह है कि तेरहवीं के दिन से ही उसकी शादी की चर्चा चल पड़ी थी। पुरुष नारी के बिना रह ही नहीं सकता। लेकिन नारी विवश कर दी जाती है कि वह पुरुष के बिना रहे। इसलिए हमारे शास्त्रों में हिन्दू विधवा को दुःख की प्रतिमा मानकर भी स्वर्ग की देवी बना दिया गया है। बड़े गौरव के साथ वे लोग कहते हैं, "हिन्दू विधवा ने संसार के दुःख का भार अपने सिर पर ले लिया है। उसने दुःख को सुख बना डाला है, धर्म बना डाला है।"

क्या कभी उन्होंने सोचा कि इस दुःख को सहन करना धर्म है या अधर्म? क्या कभी उन्होंने सोचा कि जिस वैधव्य को हिन्दू धर्म का शृंगार कहा जाता है, उसकी वेदना कितनी मर्मान्तक है?...

लेकिन मैं किधर बहक गयी! अब तो नारी विधवा होती ही नहीं। और तुम्हारे रहते मेरे विधवा होने का तो प्रश्न ही नहीं है, इसीलिए तो हर करवा चौथ को शीशे के सामने बैठकर माँग में सिंदूर भरती हूँ, एकादशी का व्रत करती हूँ। माँग में सिंदूर, ललाट पर कुमकुम, हाथों में चूड़ियाँ, हथेलियों पर मेहँदी और साड़ी पर गोटा, यह सब मैं न करूँ तो पापिन कहलाऊँगी। मैं तो वास्तव में मुग्धा हूँ। लेकिन मेरे दिल में धधकती हुई अग्नि का जो कुण्ड है उसको शान्त करने का जिसे अधिकार है, वह इस अधिकार को स्वीकार न करे तो फिर मैं क्या करूँ? भोजन सामने न हो तो भूखे रहना कठिन नहीं होता, लेकिन जब नाना प्रकार के व्यंजन परोसे हुए सामने रखे

हों और खानेवाले को यह आदेश दे दिया जाये कि वह उन्हें छू भी नहीं सकता, जबकि उसके देखते-देखते कोई और आकर खा जाये, तो उसके लिए क्या व्यवस्था है? यदि वह अपने लिए दूसरी जगह से भोजन जुटा सकता है, तो क्या वह पापी है?...

मैं आज तुमसे कुछ नहीं छिपाऊँगी। मैं जीवन से ऊबी नहीं हूँ, लेकिन फिर भी अपने पागलपन का सारा कच्चा चिट्ठा लिख देना चाहती हूँ। विश्वास रखो, मैं बिलकुल लज्जा का अनुभव नहीं कर रही हूँ, क्योंकि जो कुछ मैंने किया है या करना चाहा है, उसको मैं पाप नहीं मानती।

दीपू का बड़ा भाई एक दिन मेरे पास आया। वह बेहद गम्भीर था। वह दीपू की तरह न तो चंचल था और न उसे बातें करने में ही रस आता था। वह टकटकी बाँधकर देखता भी नहीं था। अपने में सिमटा हुआ वह सीधा-साधा खेत-खलिहानवाला आदमी है। मुझे बहुत अच्छी तरह याद है कि जब वह मेरे पास आया, तो बुरी तरह से काँप रहा था। बहुत देर तक वह मुझसे कुछ न कह सका। मैंने ही उससे कहा, "तुम अब शादी कर लो।"

वह एकाएक बोला, "शादी कर लूँ?"

मैंने कहा, "हाँ, वह तो करनी हो होगी। तुम्हारे जैसे कामकाजी आदमी का उसके बिना नहीं चलेगा।"

पहली बार उसने दृष्टि उठाकर मेरी ओर देखा। उस दृष्टि में न जाने क्या था, मेरे हाथ-पाँव सुन्न पड़ने लगे। वह ठण्डी दृष्टि जैसे मेरे रोम-रोम में बिंध गई हो। उसने अटकते हुए कहा, "शादी तो ठीक है, लेकिन इन बच्चों का क्या होगा?"

मैंने एकाएक उत्तर दिया, "बच्चे अपनी नयी माँ के पास रहेंगे। कोई ऐसी-वैसी बात हुई तो मैं हूँ ही।"

वह बोला, "यही तो मैं कहता हूँ कि जब तुम हो तब फिर और कोई क्यों आये?'

अगर आकाश टूटकर गिर पड़ता तो मुझे इतना आश्चर्य न होता। इतने दिन से जो कुछ सोच रही थी, आखिर वही हुआ। सोच

क्या रही थी, मैं स्वयं यही चाहती थी कि वह मुझसे प्रस्ताव करे। लेकिन जब उसने मुझसे यह प्रस्ताव किया, तो मैं आँखें फाड़े देखती रह गयी और अपने को जैसे प्रताड़ना देती हुई बोली, "यह तुम क्या कहते हो? यह तुम कैसे कह सकते हो? नहीं, यह नहीं हो सकता। त्रिकाल में भी नहीं हो सकता। मैं सधवा हूँ। मेरा पति जीवित है। तुम्हें यह साहस कैसे हुआ कि तुम मुझसे ऐसा प्रस्ताव करो...?"

मैं बोलती चली जा रही थी। अग्निशिखा की तरह मेरे अन्दर से शब्दों का बवंडर बिखरता चला आ रहा था और वह काँप रहा था। फिर एकाएक वह वहाँ से चला गया और मैं दौड़ती हुई अपनी कोठरी में बर्फ जैसे ठण्डे फर्श पर जा पड़ी और फफक-फफककर रोने लगी। न जाने कब तक रोती रही।...

लेकिन नहीं, मैं तुमको उन क्षणों के और उसके बाद के भयानक क्षणों के बारे में कुछ नहीं बताना चाहती। मैं तुमको बेहद प्यार करती हूँ। मानती हूँ, मेरे जीवन में वे क्षण बहुत बार आये हैं, जब मैंने तुमसे बेहद घृणा की है। लेकिन जैसे ही वह घृणा चरम सीमा पर पहुँची, वैसे ही मैंने पाया कि जिसे मैं अब तक चरम घृणा समझ रही थी, वही तो चरम प्यार था। प्रेम जितना पवित्र और अगाध होता है, घृणा भी उतनी ही निस्सीम होती है। दीपू का भाई उसके बाद कई बार मेरे पास आया और उसने हर बार उस प्रस्ताव को दोहराया। लेकिन मैं अडिग रही। सब कुछ सहकर भी, उसके स्पर्श को अंगीकार करके भी, मैं अडिग रही। मैंने उसे आश्वासन भी दिया कि मैं उसके बच्चों की देखरेख करती रहूँगी। लेकिन उसकी विवाहिता नहीं बन सकूँगी। तन के भोक्ता बहुत हो सकते हैं, पर मन का मीत एक ही होता है...।

मोह का एक और बंधन टूट गया, मोह का एक और बंधन जुड़ गया। अब मैं जैसे उन दोनों बच्चों में डूब गयी। मानो नारी बिना पीड़ा के ही मातृत्व को पा गयी हो।

अभी मैंने अपने जीवन की पूरी बातें नहीं बतायी हैं। सच तो यह है कि जीवन का यह लम्बा क्रम मुझे स्वयं भी याद नहीं रहा। न जाने क्यों, जिस दिन की बात अब मैं लिखने चली हूँ उस दिन मेरा मन सचमुच आकुल हो उठा था। उस काल के चिरस्मरणीय क्षण बहुत सुखदायी थे, इसी कारण बहुत दुःखदायी भी थे। उस वातावरण में, जिसको मैं अपने रोम-रोम में बसा लेना चाहती थी, और जो मेरे लिए दहकती हुई ज्वाला की तरह असहनीय भी था, उस कोठरी में बैठकर मैं अकसर उन बच्चों में खो जाती थी। लेकिन मैं सच कहती हूँ, तुम विश्वास करना, कि जब मैं उस स्वप्न से जागती थी तो पाती थी कि मैं उन बच्चों में नहीं बल्कि तुममें डूबी हुई हूँ। लेकिन तुम तो मुझे पहचानते तक नहीं थे। और उसी 'तुम' पर मेरा जीवन कितना निर्भर था। सच, तब क्या तुम मुझको जानते थे? क्या तुम मेरी खोज-खबर लेने आये थे?

मुझे ऐसा लगता है कि तुम आये थे। जब तुम साधु हुए थे, तब मैं कल्पना कर सकती थी कि तुम कितने सुन्दर लगते होगे। तुम्हारे मुख की दीप्ति, तुम्हारे शरीर का तेज, तुम्हारे नयनों की ज्योति, सब जैसे मेरे मन पर अंकित है। सच कहती हूँ, तब हर आनेवाले साधु को मैं बड़े ध्यान से देखती थी, विशेषकर युवा साधुओं को। उनको मैं अनायास ही 'तुम' मान लेती थी। एक दिन मेरी वह देवरानी मेरे पास आयी। बोली, "जीजी, जीजी, जरा बाहर तो आओ।"

उसका मुझे इस प्रकार पुकारना बड़ा अस्वाभाविक-सा लगा। लेकिन वह अन्दर चली आयी और मुझे हाथ से पकड़कर खींचती हुई पड़ोस के दरवाजे पर ले गयी। फिर बोली, "देखो, वहाँ अलख जगाता हुआ एक नौजवान साधु खड़ा है। उसे गौर से देखो तो।"

मैंने उसी दिशा में यंत्रवत् दृष्टि उठाकर देखा। वह युवा साधु गौरवर्ण, उन्नत ललाट, आजानबाहु, सुडौल शरीर और भभूत के नीचे से चमकता हुआ दीप्तमुख। मेरा हृदय जोर-जोर से धड़कने लगा। मैं सोचने लगी कि यह कौन है? एकाएक मुझे तुम्हारा ध्यान आया। और ध्यान आया उस कच्चे बन्धन का, जिसने हमें बाँध रखा था।

मैं उलझन में पड़ गयी और एकटक उसे देखती ही रही।...

कैसे बताऊँ, तब कैसा लगा था। मेरी वह देवरानी, बराबर मेरे कंधे पर हाथ रखकर खड़ी रही। वह भी जैसे चकित रह गयी हो। कई क्षण बाद उसी ने कहा, "पहचान सकती हो क्या?"

एकाएक गर्दन उठाकर मैंने उसकी ओर देखा। फिर उसे धक्का देकर अपनी कोठरी में भागी चली आयी, और वहाँ बैठकर दोनों हाथों में मुँह छिपाकर बड़े जोर से हाँफने लगी। न जाने कब तक हाँफती रही कि एकाएक एक मधुर स्वर जैसे मेरे रोम-रोम को चेतनता प्रदान करता हुआ गूँज उठा, "अलख माई, साधु को भिक्षा मिले।"

मैं बहुत देर तक जड़ बनी वहीं बैठी रही। उस समय मुझ पर क्या बीत रही थी, यह नहीं बता सकती। मैं उठना नहीं चाहती थी। पर वह बार-बार अलख जगा रहा था। तब किस प्रकार एक असहाय व्यक्ति की तरह मैं उठी! किस प्रकार थाली में आटा भरा, भरती रही, तब तक भरती रही जब तक वह आटा कच्चे फर्श पर बिखरने नहीं लगा! और फिर तेजी से आगे बढ़कर वह सारा आटा मैंने उस साधु की झोली में पलट दिया। मानो अपना सर्वस्व उसके चरणों में उँडेल दिया हो। आश्चर्यचकित वह सुन्दर साधु मेरी ओर देखने लगा। पुरइन के पत्ते की तरह तब मैं बुरी तरह काँप रही थी। पैर जैसे जम गये थे, लेकिन दृष्टि कहीं उलझ गयी थी। दोनों हाथों में थाली लिये मैं न जाने कब तक वहाँ खड़ी रही। झोली खोले वह भी प्रतीक्षा ही करता रहा।

उन कुछ क्षणों की कहानी तुम भी नहीं लिख सकोगे। उसके बाद के वे दिन, जब वह साधु प्रतिदिन अलख जगाने आता और प्रतिदिन मैं उसकी झोली में अपना सर्वस्व डाल देती...! कई दिन तक यह मौन व्यापार चलता रहा। एक दिन साहस करके उसने मुझसे पूछा, "क्या चाहती हो?"

मेरे अन्तर में जैसे कोई बोल उठा, 'समूचे तुमको चाहती हूँ। मैं तुम्हारी ही तो हूँ। तुम मुझे चीन्हते क्यों नहीं?' लेकिन प्रकाश में केवल इतना ही कहा, "आपका आशीर्वाद चाहती हूँ।"

उसने कहा, "तुम्हें क्या दुःख है?"

मैं बोली, "दुख!" और फिर ठहाका मारकर हँस पड़ी, "दुख क्या होता है यह मैं नहीं जानती।"

असल में दुख को मैं इतना जानती थी कि मेरे लिए वह बताने की चीज ही नहीं रह गयी थी। मैंने साधु से पूछा, "स्वामीजी, आपने इस अल्हड़ उम्र में संन्यास क्यों लिया?"

स्वामीजी बोले, "यह बात तुम क्यों जानना चाहती हो?"

मैंने कहा, "तुम्हारे माँ-बाप नहीं हैं?"

स्वामीजी बोले, "नहीं।"

मैंने एकाएक कहा, "कोई और है?"

कहकर मैं काँप उठी। परन्तु स्वामीजी उसी सहज भाव से बोले, "बहुत हैं, लेकिन अब मेरा किसी से कोई सम्बन्ध नहीं है। तुम किसके बारे में जानना चाहती हो?"

मैं साहस से भरती आ रही थी। काँप भी रही थी, और पूछ भी रही थी। बोली, "मैं उसके बारे में जानना चाहती हूँ जो सृष्टि का आधार है।"

स्वामीजी सहसा सहम उठे। एक छाया-सी उनके मुख पर आकर ठहर गयी। कहा, "तुम यह सब कैसे जानती हो? तुम इस घर में अकेली क्यों रहती हो?"

अब मेरे लिए जानने को कुछ शेष नहीं रहा था। उस समय आसपास कोई नहीं था। ठिठुरी हुई पसली और सुन्न पड़े हुए अंगों को लेकर मैं साधु के चरणों में गिर पड़ी, "अब तुम नहीं जा सकते।"

न जाने मैं कब तक वहाँ पड़ी रही, कब उठी और जब उठी तो उस समय वह साधु वहाँ नहीं था। वह फिर आया भी नहीं। मेरी क्या दशा हुई। हाथ में आये हुए को मैंने जैसे फिर खो दिया। मैं हाहाकार कर उठी। वह उन्माद कई दिन तक जैसे मेरे प्राणों को झँझोड़ता रहा। मैंने तुम्हें खो दिया। सच, क्या तुम मुझे देखने आये थे? तुम्हारा वह रूप जो मेरे मन में एक युग तक समाया रहा, बहुत दिनों तक पास-पड़ोस की चर्चा बना रहा। लेकिन जालिम, वह सुख भी तुमसे नहीं देखा गया। कई महीने बाद भोर की एक बेला में

किसी ने मेरा दरवाजा खटखटाया। काश वह क्षण न आया होता। मैं उठी, द्वार खोला। देखती हूँ कि सजीला जवान धोती-कुर्ता पहने मेरे सामने खड़ा है। मैं उसे देखती रही। कुछ पूछ न सकी। वह मुसकराकर बोला, "मुझे पहचानती हो?"

मैंने गरदन हिलाकर कहा, "नहीं तो।"

वह बोला, "इतनी जल्दी भूल गयीं। तुमने ही तो मुझे जीवन दिया है।"

मैं और भी चकित, ठगी, हतप्रभ! आँखें फाड़े उसे देखती रही। सोचती रही, मैं किसे जीवन दे सकती हूँ! मैं अज्ञानी, अंधी, मैं क्या जानूँ इन बातों को! लेकिन उसके चेहरे पर एक गहरा सुख और अपूर्व संतोष था। उसने दृढ़ स्वर में धीरे-धीरे कहा, "मैं वही साधु हूँ जिसकी झोली में तुमने थाली-भर आटा उलट दिया था और जिसकी ओर तुम एकटक देखा करती थीं; जिससे तुमने पूछा था कि तुम्हारे कोई और है, वही और जो संसार का आधार है।"

मैं सच कहती हूँ, यह सुनते ही मैंने पास की दीवार को बड़े जोर से पकड़ लिया था। मैंने हकलाते हुए कहा, "तुम, तुम वही हो!"

उसने उत्तर दिया, "हाँ, मैं वही हूँ। और मैंने उसको पा लिया है, जिसकी ओर तुम्हारा इशारा था।"

मैं फुसफुसाई, "पा लिया! सच!"

उसने कहा, "हाँ, तुम्हें देखकर मैं उसके दर्द का अनुभव कर पाया। अज्ञान में पड़कर मैं उसे छोड़ आया था। वह अबोध बालिका अब मेरे जीवन का सर्वस्व है।"

और यह कहते हुए कल के उस साधु ने मेरे चरण पकड़ लिये। न जाने क्या हुआ, मैं तनकर खड़ी हो गयी। कमजोरी भी कभी-कभी किसी को सशक्त बना देती है। मैंने हँसकर कहा, "यह तो बहुत अच्छा हुआ। प्रभु तुम दोनों को सुखी रखे। कभी उसे लेकर आना।"

उसने आँखों में आँसू भरकर उत्तर दिया, "आऊँगा, माँ!"

वह कब गया, कब दरवाजा बन्द हुआ, मुझे नहीं मालूम।

यह पुरानी घटना मैंने इसलिए लिखी कि उसके बाद मुझे साधुओं से लगाव-सा हो गया था और मैं हर आनेवाले साधु को आँखें फाड़-फाड़कर देखा करती थी। यहाँ तक कि एक साधु ने मेरी इस अवस्था का लाभ उठाकर मुझे अपने दल में मिलाने की घनघोर कोशिश की। घण्टों वह मुझे उपदेश देता, संसार की निस्सारता और माया का रहस्य समझाता। नये जीवन के ताने-बाने बुनता।

मैं बड़ी उत्सुकता से सब कुछ सुनती। कभी-कभी ऐसा लगता कि जैसे मैं उसकी ओर खिंचती चली जा रही हूँ...।

वे जनवरी के दिन थे। शीत अपने यौवन पर था। चारों ओर ठिठुरन और सीलन छायी हुई थी और मैं जैसे उस सबसे मुक्त होना चाहती थी। मैंने सोचा, रह-रहकर मेरा मन अकुलाने लगता है, तब क्यों न छोड़-छाड़कर चली जाऊँ और खाली हो जाऊँ? यहाँ भी मेरा यह निस्सार जीवन मुझे क्या सुख देगा?

मैं तब उस घर के हर द्वार पर गयी, हर चौखट को मैंने छुआ, हर दीवार को मैंने महसूस किया। उस डरावनी रात को मैंने तुमसे बहुत बातें कीं, क्योंकि मैं तुम्हारे सिवाय किसी दूसरे के बारे में कुछ सोच ही नहीं सकती थी। उस रात मेरी छाती में बेहद दर्द उठ रहा था। मैं सोना नहीं चाहती थी। खुले दरवाजे से बर्फीली हवा के ठण्डे झोंके मेरे अंग-अंग को सुन्न करते हुए बाण की तरह बींध रहे थे। मैं जाली बन्द करना नहीं चाहती थी, क्योंकि उससे नींद आने का डर था। और तब मैं किसी निश्चय पर नहीं पहुँच सकती थी।

और मैं निश्चय पर पहुँचना चाहती थी, क्योंकि वह बहुत सवेरे पाँच बजे आनेवाला था। जनवरी की भोर के पाँच बजे जितना गहरा सन्नाटा होता है उतना किसी क्षण नहीं होता। शायद पाँच बजनेवाले थे। किसी के पैरों की आहट मेरे कानों में पड़ी। मैं तब दीवार के सहारे खड़ी थी। मैंने जैसे कसकर उसे पकड़ लिया और चीखकर कहा, "कौन है?"

पैरों की आहट मेरे पास आती जा रही थी, और हर आहट के साथ मैं पगाल होती जा रही थी। लालटेन की लौ बड़े जोर से काँप

रही थी। मैंने फिर कहा, "कौन है?"

पदचाप मेरे पास अकर रुक गयी। मैंने देखा, वह दीपू था। मैंने अपनी कराह दबा ली। बोली, "तुम!"

दीपू ने कहा, "हाँ, मैं बाहर जा रहा था। देखा, तुम्हारा दरवाजा खुला पड़ा है, अन्दर चला आया। तुम ऐसे क्यों खड़ी हो?"

मैंने उत्तर दिया, "कुछ नहीं! पीसने के लिए उठी थी।"

दीपू मेरे राख जैसे मुख की ओर एकटक देखता हुआ बोला, "लेकिन दरवाजा खोलने की क्या जरूरत थी? कितना ठण्डा हो रहा है यहाँ!"

मैं हँस पड़ी, "मुझे तो गरमी लग रही है।"

"गरमी?"

"हाँ।"

"तुम्हें बुखार तो नहीं हो गया है?"

मैंने एकाएक यंत्रवत् अपना हाथ आगे बढ़ा दिया। मेरा वह बर्फीला हाथ और उसकी वह गरम पकड़। काश मर्द की वह पकड़ कभी ढीली न होती! मैंने चीखकर कहा, "जाओ दीपू, चले जाओ। किसी के घर में बेवक्त इस तरह नहीं घुसा करते, भले ही दरवाजा खुला हो।"

और उसके बाद मैंने एक प्रकार से ढकेलकर दीपू को बाहर कर दिया। फिर जोर से दरवाजा बन्द कर लिया। फिर इतने जोर-जोर से पीसना शुरू किया कि उस दिन का वह आटा किरकिरा हो उठा। मैं नहीं जानती कि वह साधु कब आया, आया या नहीं। आया तो कैसे और कब गया। मैं जब उठी तो जनवरी की प्यारी-प्यारी धूप चारों ओर खिली हुई थी और पड़ोस की गाय बार-बार रँभा रही थी।

अब मैं बहुत प्रसन्न थी। लेकिन जितनी प्रसन्न थी, उतने ही उलाहने मुझे सुनने पड़े। मैं भूल गयी थी कि उस दिन जो आटा मुझे

पीसना था, वह एक विशेष अवसर के लिए था। यह ठीक है कि उन्होंने बारीक पीसने के लिए कहा था, लेकिन यह तो नहीं कहा था कि मैं चक्की ही पीस दूँ। वह आटा बेकार हो गया। अपराध मेरा था। चुपचाप घर लौटकर मैंने फिर आटा पीसा और उनके घर गयी। आश्चर्य में भरकर उस सम्पन्न घर की महिला ने मेरी ओर देखा, "यह कैसा आटा है?"

"सवेरे मेरी गलती से आटा बहुत तेज पिस गया था। वह मुझे वापस दे दो। नया पीस लायी हूँ।"

"लेकिन मैंने तुम्हें नया आटा पीसने को नहीं कहा था!"

"कहने की जरूरत नहीं थी। मैंने गलती की थी। उसे सुधारना मेरा फर्ज था।"

"लेकिन... ।"

"लेकिन की कोई बात नहीं माँजी। आप वह आटा मुझे दे दीजिए!"

"तुम उस आटे का क्या करोगी? वह तो बेकार हो गया है।"

मैं उन्हें कैसे बताती कि उस आटे का मेरे लिए क्या महत्त्व है। यह भी तो हो सकता था कि उन्हें वह आटा मिलता ही नहीं। मिलता अपवाद, और मैं उस अपवाद से बच गयी थी। इतनी बड़ी बात मैं उन्हें कैसे समझा पाती। जिद करके मैं वह आटा ले आयी। चलते समय माँजी ने मुझसे कहा, "तुम बहुत अच्छी हो। मैंने अपने गुरुजी के लिए विशेष रूप से यह आटा पिसवाया था। इसके खराब हो जाने का मुझे बहुत दुख था। उस दुख की बात भगवान ने तुम्हारे मन में पैदा कर दी। तुमने पूर्वजन्म में कोई पुण्य नहीं किया होगा, तुम्हें इसका फल मिलेगा। दोपहर को आना, वे तुम्हें आशीर्वाद देंगे।"

यह सुनते ही मैं सुन्न खड़ी रह गयी थी। समय के उस छोटे-से भाग में मैंने कितना जीवन जी लिया। मैं उस साधु के साथ भाग जाना चाहती थी। मैं दीपू के आत्मसमर्पण को स्वीकार कर लेना चाहती थी और अब मेरे लिए स्वर्ग का द्वार खुलनेवाला था।

मैं दोपहर को स्वामीजी के दर्शन करने के लिए गयी। देखने

में वे निहायत कुघड़, कुरूप, पर आँखों से प्रकाश जैसे झर रहा था, जैसे मध्याह्न का सूर्य। उनींदी आँखों से उन्होंने मेरी ओर देखा और पूछा, "यह कौन है?"

माँजी ने बताया, "यह एक अभागिन है। फेरों के बाद ही इसके पति ने इसे छोड़ दिया है।"

स्वामीजी बोले, "यह तपस्विनी है।"

फिर बहुत देर तक वे मेरी ओर देखते रहे। मैं उस बीच मूर्तिवत आँखें धरती पर गड़ाये, एक गहरे अतल में डूबी रही। उसके बाद स्वामीजी ने धीरे से कहा, "तपस्या का मार्ग बड़ा कठिन है। यदि एक क्षण भी तुम्हारे मन में यह विचार आये कि तुम्हारा जीवन व्यर्थ हो रहा है, तो तुम्हें उसे पलट देने का पूरा-पूरा अधिकार है।"

न जाने क्या हुआ, मैंने तेजी से गरदन ऊपर उठायी। स्वामीजी की ओर देखा। वे दहकती हुई आँखें जैसे मेरे अन्तर को छेद गयीं। मैं उठकर खड़ी हो गयी और फिर एक झटके के साथ मैंने उनके चरण पकड़ लिये। देर तक मैं अपना माथा उनके पैरों पर रगड़ती रही, और वे धीरे-धीरे मेरा सिर सहलाते रहे। बाद में माँजी ने मुझे बताया कि स्वामीजी के नेत्र बन्द हो गये थे और उनसे टपककर आँसुओं की दो बूँदें मेरे सिर पर गिर पड़ी थीं। गद्‌गद होकर माँजी बोलीं, "बेटी, तुम बड़ी पुण्यवती हो। योगिराज के मन में तुम्हारे लिए करुणा का अजस्र स्रोत बहा है। तुम्हारा कभी अकल्याण नहीं होगा। भगवान् तुम्हारी परीक्षा ले रहे हैं।"

मैंने कातर दृष्टि से माँजी की ओर देखा। भोली-भाली धर्मभीरु माँजी, वे समझ ही नहीं पायी थीं कि वे स्वामीजी मुझे क्या-क्या दे गये थे। उनकी श्रद्धा मुझमें अब बेहद बढ़ गयी। वे मेरे जीवन में रस लेने लगीं।...

तुम यह सब बढ़कर सोचोगे कि क्या होनेवाला था और क्या हो गया। लेकिन मुझे तो अभी बहुत कुछ अप्रत्याशित देखना था। मनुष्य को अकेले रहने से अधिक कोई और दुख नहीं है, अब तक मैं यही बात जानती थी। लेकिन अब मैंने यह अनुभव किया कि

भीड़-भाड़ में रहने से भी कितना दुख होता है। बहुत शीघ्र माँजी के घर शहनाई बज उठी। उनके लड़के का विवाह, और विवाह में शामिल होने के लिए आयी हुई उनकी लड़की, जो एक बहुत सम्पन्न घर में ब्याही हुई थी, जो सोने से लदी रहती थी, जिसके पाँच बेटे थे, लेकिन विधाता ने जिसकी माँग का सिन्दूर पोंछ दिया था...।

धूमधाम के साथ विवाह हुआ। मैं भी बुलायी गयी और मैं कहूँगी कि माँजी ने परिवार की महिला की तरह मेरा आदर-सत्कार किया, मुझे मान दिया। लेकिन उस दिन जो घटना वहाँ घटी वह आज भी मेरे मन से नहीं उतरती। वर और वधू द्वार पर आने ही वाले थे। आनन्द और उल्लास उमग रहा था। आरता सँजोया जा रहा था। बहनें रास्ता रोकने के लिए तैयारियाँ कर रही थीं। पाँच बच्चों की माँ, माँजी की वह बेटी, प्रसन्नमन स्वागत करने के लिए आगे बढ़ी। शोर खिलखिलाहट में उलझकर और भी प्यारा लगने लगा। तभी सहसा माँजी के बड़े बेटे की बहू ने आगे बढ़कर अपनी ननद से कहा, "बीबीजी, आप कहाँ जा रही हैं?"

लड़की ने सहसा दृष्टि उठाकर एक बार अपनी बड़ी भावज की ओर देखा। निमिष-मात्र में उसका मुँह पीला पड़ गया। वह एकदम उस भीड़ में से तीर की तरह भागी हुई चली गयी। हक्की-बक्की मैं उसे देखती रह गयी। मैंने पूछा, "क्या बात है?"

बड़ी भावज ने सहज भाव से उत्तर दिया, "वे नयी बहू के सामने नहीं आ सकतीं।"

"क्यों?"

वह धीरे से बोली, "बेचारी विधवा जो हो गयी है।"

मेरा सिर जैसे तेजी से घूमने लगा। लेकिन तभी माँजी ने मेरा हाथ पकड़कर खींचा और बोलीं, "पीछे कहाँ खड़ी है रामो, यहाँ आगे आ। बहू को आशीर्वाद दे। तू बड़ी पुण्यवती है।"

तुम बहुत बड़े लेखक हो। क्या तुमने कभी कल्पना नहीं की है कि मेरी जैसी नारी की तब क्या दशा हुई होगी? दुनिया के सारे सुख पाकर भी वह पुत्रवती विधवा अपने ही घर में इस तरह

अपमानित की गयी और असह्य पीड़ा से पीड़ित, वेदना का साकार रूप मुझ तिरस्कृत का इस प्रकार स्वागत किया गया। सुहाग की यह कैसी विडम्बना है।

उसके बाद मैंने सबसे मिलना-जुलना छोड़ दिया। अपनी उस सूनी कोठरी में बन्द रहने लगी। मेले-ठेले, नाच-गीत से जैसे मुझे अरुचि हो गयी। जरा-जरा-सी बात पर मैं क्रोध से उफन पड़ती। सच कहती हूँ, उन दिनों मैंने तुमको बहुत कोसा। तुम्हारी पत्नी को कोसा। तुम्हारी संतान का बुरा चाहा। अपने कल्पनालोक में मैंने तुम सबकी हत्या कर डाली और तुम्हें तड़प-तड़पकर मरते देखकर अट्टहास किया।

उन दिनों मैंने दीपू को भी बहुत सख्त-सख्त कहा और उसके माध्यम से पुरुष-मात्र को कोसा। मैंने उन दोनों छोटे-छोटे बच्चों को भी अपने से दूर करने का पूरा-पूरा प्रयत्न किया। लेकिन, फिर भी मैं अपने को मिटा नहीं सकी। मैं पीली पड़ गयी सूख गयी, लेकिन मेरे प्राणों ने मुझे धोखा दिया। तुम्हारी लिखी हुई कई पुस्तकें, जो दीपू मेरे लिए खरीद लाया था, उनको मैंने फाड़-फाड़कर जला डाला। हर पन्ने को फाड़ते हुए मैं ऐसा अनुभव कर रही थी, जैसे मैं तुम्हारे अंगों को चीर रही हूँ। और तब मुझे बहुत सुख मिलता था।

लेकिन तभी फिर एक और अप्रत्याशित घटना घट गयी। घर से चिट्ठी आयी कि दूर के रिश्ते की मेरी एकमात्र चाची चल बसीं। मुझे वहाँ जाना पड़ा। दीपू मेरे साथ था। गाँव की सुहागिन स्त्रियों की तरह मैं चादर ओढ़ती थी। ओढ़ती ही नहीं, बल्कि सिर से पैर तक अपने को उसमें लपेट लेती थी। उसी अवस्था में गाड़ी बदलने के लिए प्लेटफार्म पर बैठी हुई थी। कभी-कभी घूँघट उठाकर आने-जानेवालों को देख लेती थी कि सहसा दीपू ने आकर कहा, "भाभी, भैया।"

मैं कुछ समझ नहीं पायी। कहा, "क्या कहते हो?"

वह बोला, "भैया हैं।"

"कहाँ?"

"वह देखो, यह सामने जो गाड़ी आयी है, इसी गाड़ी से कहीं जा रहे हैं।"

अपने को धोखा देती हुई मैं तीर की तरह उठी, और लुढ़कती हुई उसी ओर चली गयी जहाँ मुझे बताया गया था कि तुम खड़े हो। मैंने तुम्हें देखने की चेष्टा नहीं की। मैं तुम्हारे चरणों में जा गिरी। मैंने कसकर तुम्हें पकड़ लिया जैसे मेरे चारों ओर कुहरा छा रहा हो। ठण्डा ठिठुरानेवाला कुहरा। जैसे मैं उसमें डूब गयी हूँ और मेरे चारों ओर धुँधली-धुँधली मूर्तियाँ उभर रही हों। जैसे मेरे चारों ओर हलकी-हलकी झंकार स्वर्ग-संगीत की तरह गूँज उठी हो। मैंने अनुभव किया कि दीपू ने तुमसे कुछ कहा और तब तुम्हारे मुँह से निकला, "ओह, यह रामो है!"

वह 'रामो' शब्द तुम्हारे मुँह से सुनकर मैं जैसे तृप्ति में डूबती चली गयी। कितनी मिठास, कितना माधुर्य, कितनी मादकता...वह क्षण अमर क्यों नहीं हो गया!

लेकिन यह क्या, मेरी चादर के भीतर से होते हुए यह मैं किसका स्पर्श अनुभव कर रही हूँ? यह किसकी उँगलियाँ मुझे मादक स्वप्न में डुबो रही हैं? यह कैसा नया अनुभव, कैसी नयी दीप्ति मुझे जकड़ रही है? यह सब कुछ अमर क्यों नहीं हो जाता?

उसके बाद, जैसे मैं डूब गयी थी। मादकता, सुख-दुख, पीड़ा-व्यथा सबसे ऊपर होकर मैं एक अनिवर्चनीय चेतना का अनुभव कर रही थी। मेरे उन वस्त्रों से होकर झाँक रहा था एक प्रदीप्त चेहरा।

मनुष्य जब अपनी मंजिल पर पहुँच जाता है, तब उसे जितना सुख मिलता है, उतना ही दुख भी होता है, क्योंकि समाप्ति एक दुख ही तो है। दुनिया जिस भटकने को पीड़ा मानती है, तो क्या उस पीड़ा का अन्त आ पहुँचा है!...

सहसा दीपू ने मुझे झकझोरकर कहा, "भाभी, भाभी, गाड़ी चली गयी।"

मैंने कुछ नहीं सुना। दीपू ने फिर कहा, "भाभी, हमारी गाड़ी आ गयी, चलो।"

मैं हकबकाकर बोल उठी, "क्या कहा, क्या हुआ?"

और फिर जैसे मेरी आँखें खुलीं, जैसे एक स्वप्न था जो समाप्त

हो चुका था। जैसे मैं थककर अचेत सोई हुई थी। किसी ने मुझे झकझोर दिया। धीरे-धीरे सब कुछ स्पष्ट हो गया। मेरे हाथ में नोटों का एक बंडल था। मेरी झोली में रुपए पड़े थे, खरीज भी थी।

दीपू ने कहा, "भाभी, भैया को न जाने क्या हुआ, तुम्हें देखकर उनकी आँखों में आँसू आ गये और तब उन्होंने अपनी जेबें टटोलनी शुरू कीं। नोट, रुपए, खरीज जो कुछ था, वह सब तुम्हारी झोली में डाल दिया।"

मैंने कुछ उत्तर नहीं दिया, पाया कि मैं रो रही थी और मेरे मन में उठ रहा था कि मैं उसी क्षण मर जाऊँ। एकाएक मैं लपकी भी, जैसे ट्रेन के सामने कूदने की इच्छा हो, लेकिन दीपू ने मुझे बड़े आराम से सँभाला और गाड़ी में चढ़ा दिया।

मैंने वे सब रुपए-पैसे उसको थमा दिये। मैं समझ नहीं पा रही थी कि तुमने मेरा अपमान किया था या सचमुच ही तुमको मुझपर दया आयी थी। लेकिन क्या उस स्थिति में दया और अपमान दोनों का एक ही अर्थ नहीं था? पत्नी क्या पति से पैसे की ही आशा करती है? विवाह क्या इसीलिए होता है? मैं तुम्हीं से इसका उत्तर पूछती हूँ, तुमने यह सब क्यों किया? तुम्हारे लिए नारी का मूल्य क्या केवल इतना ही है?

इस घटना ने मेरे जीवन में एक बहुत बड़ा परिवर्तन कर दिया। मैं सच कहती हूँ कि मुझे बहुत बड़ा सुख मिला। कैसे भी हो, मेरे लिए तुम्हारे मन में एक सहानुभूति है। यह सहानुभूति कभी प्रेम में भी बदल सकती है। क्या तुम मुझसे प्रेम कर सकते हो? हो सकता है कि तुम जो कुछ भी चाहते हो, उसकी आशा तुम्हें मुझसे न हो, लेकिन तुम मुझसे घृणा नहीं करते, कर भी नहीं सकते। तुम्हारे स्पर्श से मेरी इन्द्रियाँ जाग्रत हो उठी थीं। मेरा प्रेम एक नवयुवती की भाँति मचलने लगा था। मैं तुम्हें विश्वास दिलाती हूँ कि तुम्हारे अतिरिक्त किसी और को चाहने की कल्पना भी मेरे लिए एकदम अकल्पनीय थी। मेरे हमजोलियाँ मेरे साथ चुहल करने लगीं। वे मुझे शरमीली समझती थीं। एक ने कहा, "देर से ही सही, तेरा भाग्य चमकनेवाला है। देखती रह, दो-चार दिन में वे तुझे बुला लेंगे।"

दूसरी ने शंका प्रकट की, "लेकिन वह जो उनके घर में पहले से मौजूद है, उसका क्या होगा?"

पहली ने उत्तर दिया, "अरी मर्द का क्या है, वह तो बिना विवाह के भी कई स्त्रियाँ रख सकता है। इस बेचारी को क्या चाहिए, वे इसे अपने पास रखें यही बहुत है।"

तीसरी बोली, "कितने बड़े आदमी हैं, दुनिया इतना मानती है, वे भला इसके साथ बुरा बरताब कैसे करेंगे! ऐसा लगता है कि घर जाने की शरम के कारण वे इधर नहीं आ सके।"

एक बोली, "तब तो अगर यह जबरदस्ती उनके पास जाती तो अच्छा रहता।"

न जाने क्या हुआ, मैं एकाएक चिल्ला उठी, "मैं क्यों जाती?"

सब खिलखिला पड़ीं, "लो हमारी शरमीली गुड़िया भी कितनी मानिनी है!"

दूसरी ने कहा, "मानिनी है तभी तो पिया के मन में अभी तक बसी हुई है"

दीपू ने भी बार-बार यही विश्वास दिलाया, "भाभी, तुम निश्चय जानो, भैया तुम्हें जरूर बुलानेवाले हैं।"

तीन साल तक मैं इसी स्वप्न में उलझी रही। हर क्षण, हर आहट मेरे लिए यही संदेश लाती रही कि तुम आ रहे हो। पर तुम नहीं आये। मेरे जीवन में तुमने जो प्राणों का संचार कर दिया था, दूरी भी इतनी कम हो गयी थी कि जैसे तुम्हारे और मेरे मन के बीच में एक खिड़की खुल गयी, और उस खिड़की में से होकर तुम आनेवाले हो। लेकिन, तुम आये नहीं। आया एक समाचार, तुमने अपनी पत्नी को छोड़ दिया।

छोड़ दिया, मैं अपनी तरफ से कह रही हूँ। तब तो मैंने यही सुना था, तुम दोनों रजामंदी से अलग हो गये हो। दीपू ने उस दिन आकर मुझसे कहा, "भाभी, तुम निराश हो रही थीं। लो तुम्हारे लिए एक और खुशखबरी लाया हूँ।

मैंने दृष्टि उठाकर देखा, कहा, "मौत को लाये हो?"

वह हँस पड़ा और बिना कुछ कहे अखबार उसने मेरी आँखों के सामने कर दिया। न चाहने पर भी मैं उसको पढ़ती चली गयी, "प्रसिद्ध साहित्यकार श्री अमीयकुमार दास और उनकी पत्नी यशोदा देवी दोनों स्वेच्छापूर्वक एक-दूसरे से अलग हो गये हैं। कारण यह बताया गया है कि दोनों के विचार नहीं मिलते थे। श्री दास उग्र समाजवादी हैं और उनकी पत्नी का झुकाव कुछ-कुछ गांधीवाद की ओर था। बताया गया है कि बिदा के समय उनकी आँखों में आँसू थे। नगर में इस विच्छेद की बड़ी चर्चा है। साधारणतया लोग उनके साहस की प्रशंसा करते हैं। यह भी सुना गया है कि मिस्टर दास का इससे पहले भी एक विवाह हुआ था। जब वे बच्चे थे तभी उनके अभिभावकों ने उनका यह विवाह कर दिया था। वह स्त्री जीती है या नहीं, इसका किसी को कुछ पता नहीं।"

मैं समझ न सकी कि मैं हँसूँ या रोऊँ, मेरी उलझन सुलझ रही है या और उलझ रही है। एक क्षण मुझे ऐसा लगा जैसे मैं एक बार तुमसे मिल लूँ। एक बार तुमसे पूछ तो लूँ कि आखिर तुम चाहते क्या हो। तुम्हें जैसी पत्नी की आवश्यकता है, क्या मैं वैसी बन नहीं सकती? लेकिन, इतने वर्ष बाद अब इस विचार का क्या मूल्य?

दीपू ने कहा, "देर लगती है भाभी, लेकिन सब ठीक हो जाता है।"

मैंने पूछा, "सच दीपू, क्या तुम समझते हो कि यह दशा ठीक होने की है?"

उसने कोई उत्तर नहीं दिया। मैं फिर बोली, "बताओ ना!"

उसने फिर भी कुछ उत्तर नहीं दिया। मैंने फिर पूछा, "तुम चुप क्यों हो? जवाब दो, तुम भी तो मर्द हो। तुम्हारी भी तो शादी हो चुकी है।"

दीपू ने धीरे से कहा, "कुछ कह नहीं सकता भाभी, हो सकता है कि उन्हें अब तुम्हारा खयाल आये और वे तुम्हें बुला लें।"

मैंने कहा, "मैं उनसे मिलना चाहती हूँ। मैं चाहती हूँ कि इतने सालों की प्रतीक्षा के बाद, वे मुझे परख-परच तो लें। यदि मैं उनके योग्य नहीं हूँ तो मैं फिर यहीं लौट आऊँगी।"

दीपू बोला, "ठीक कहती हो। हम वहाँ चलेंगे।"

उसके पाँच दिन बाद ही करवा चौथ आनेवाली थी। उन पाँच दिनों में मैंने तुम्हारा कितना ध्यान किया! तुम कैसे लिखते होगे। कैसे तुम्हें रह-रहकर ध्यान आता होगा। कैसे तुम्हारे खाने-पीने का प्रबन्ध होता होगा। यह सब कुछ तो मैं कर ही सकती थी। मैं नादान नहीं हूँ। जानती हूँ कि मैं तुम जैसे महान् व्यक्ति के योग्य नहीं हूँ, पर तुम्हारी दासी बनने का सौभाग्य तो मुझे मिल ही सकता था। तुम्हारे स्पर्श की अधिकारिणी तो मैं हो सकती थी...

मैं तुम्हें कैसे समझाऊँ कि नारी की परिणति कहाँ है। किसी दार्शनिक ने कहा है, 'नारी एक पहेली है और शिशु उस पहेली का हल है।' उसी हल को पाने के लिए मैं कितनी मचली, कितनी तड़पी, कितनी रोई। लेकिन उन पाँच दिनों में जैसे सब धुँधलापन मिट गया हो। जैसे मुझे विश्वास हो गया कि अब रात का अन्त आ पहुँचा है। रात का जो अन्त हो, वहीं से प्रभात आरम्भ होता है। करवा चौथ के दिन मैं कितनी खुश थी। दर्पण में अपना मुख मुझे स्वयं अनचीन्हा-सा लगा। पानी से भरे बादल की तरह मेरा साँवला रंग जैसे चमक उठा हो। मैंने कितने प्यार से अपना रूप सँवारा, अपनी माँग में जैसे सिन्दूर उँडेल लिया! कितनी गहरी घनी थी वह सिंदूर-रेखा, जैसे तह पर तह जमती चली जा रही हो। मैंने बड़ी श्रद्धा से सात भाइयों की कहानी सुनी, बड़ी श्रद्धा से सारी रात बैठी जागती रही जैसे शिव-पार्वती मेरे कानों में फुसफुसा गये हों, 'तुम्हारा सौभाग्य तुम्हारे पास है। तुम अखण्ड सौभाग्यवती हो।'

मैंने दीपू को बुलाकर कहा, "कब चलोगे?"

उसने मुसकराकर मेरी ओर देखा, "जल्दी ही चलेंगे, लेकिन...।"

मैं बोली, "लेकिन क्या?"

"ऐसे ही, सोचता था कि इन दिनों वे बहुत दुखी हैं। अच्छा हो, दो-चार दिन और रुक जायें।"

मेरे हृदय में एक हूक-सी उठी। काश, मैं दीपू की बात की चिन्ता किये बिना ही उसी वक्त चल पड़ती! लेकिन इसी साहस की सदा मुझमें कमी रही है। मैंने धीरे से कहा, "तुम ठीक कहते हो,

एक-दो सप्ताह रुक जाने में कोई हर्ज नहीं है।"

एक हफ्ता बीत गया, दूसरा भी बीत गया। और उसी के साथ बीत गया वह अवसर जो मेरे जीवन में प्रभात की सूचना लेकर आनेवाला था, लेकिन साँझ की सूचना देकर चला गया।

क्या तुम जानते हो, कि उस दिन स्टेशन पर जो कुछ तुम मुझे दे गये थे, उसका मैंने क्या किया? मुझे स्वयं वह आज सब अटपटा-सा लगता है। एकदम बचपन की-सी बात है। पर क्या यह सच नहीं है कि मैं अभी तक वही अल्हड़-नादान बच्ची हूँ, जिसको स्वीकार करके तुम छोड़ गये थे? काल की दृष्टि से मैं परिपक्व होती आ रही हूँ, लेकिन भावना की दृष्टि से मैं अभी वहीं पर हूँ, जहाँ पर वे अनाड़ी होते हैं, जो भावना को पा तो जाते हैं, पर जी नहीं पाते और सदा प्राथमिक पाठशाला के अल्हड़ बालकों की तरह लज्जा का अनुभव करते हैं, या नयी दुलहन की तरह जिनके चेहरे पर प्यार और सुहाग दमकता रहता है। घर आकर मैंने उन रुपयों में से कुछ का प्रसाद खरीदा और देवता के मन्दिर में जाकर उसको अर्पण कर दिया। घण्टों उसके चरण पकड़कर रोयी और हँसी। शेष सब बच्चों और भिखारियों में बाँट दिया। जो धन बचा था उसका तावीज बनाकर गले में डाल लिया। आज भी वह तावीज मेरे गले में पड़ा हुआ है। मुझे बहुत अच्छी तरह याद है कि मेरी वह देवरानी जो मुझसे काफी बेतकल्लुफ हो गयी थी, बोली, "जीजी, यह क्या पागलपन है? तुम इस बात को इतना महत्त्व क्यों दे रही हो? तुमको उन्होंने पैसा दिया, मैं समझती हूँ यह तुम्हारी बेइज्जती है और तुम हो कि उस बेइज्जती को इस तरह सहेजकर रख रही हो।"

मैंने आश्चर्य से पूछा, "कैसे?"

वह बोली, "नहीं समझ पायीं! पुरुष किस नारी को पैसे देता है?"

मैंने कहा, "पैसे तो वह सभी को देता है।"

वह बरस पड़ी, “तुम तो जीजी जानकर भी अनजान बन रही हो। पुरुष वेश्या को पैसे देता है।”

सुनकर मैं काँपी नहीं, मैं स्वयं इस बात की कल्पना कर चुकी थी, इसीलिए उत्तर दिया, “तुम भूलती हो बहन, पुरुष वेश्या को पैसे देता है किसी सौदे के बदले में, लेकिन मुझसे तो उन्होंने ऐसा कोई ओछा सौदा नहीं किया।”

देवरानी ने कपड़े में मुँह छिपा लिया, विद्रूप से बोली, “तुम नहीं समझ सकतीं। ना, ना, तुम्हें समझाना भी उचित नहीं है। अच्छा।”

लेकिन, वह जो कुछ समझाना चाहती थी वह मैं न समझी हूँ, ऐसी बात नहीं है। पर, उसे समझकर होता भी क्या! मेरे इस घोर निराशा-भरे जीवन में आशा की जो एक रेखा चमक उठी थी, उसको मैं अपने हाथों से ही मिटाकर तुम पर शक करके अपने जीवन को कड़वा नहीं करना चाहती थी। उस वेदना को मैं पहचानती थी, लेकिन उसके बोझ को मैं अपने मन पर नहीं रखना चाहती थी। तुम मुझे दुत्कार सकते थे, क्योंकि मैं तुम्हारे जीवन में कहीं समा नहीं पाती थी। यह ठीक है, मैंने अकसर अपने मन में कल्पना की थी कि मेरे जीवन में वह क्षण आएगा, जब तुम मुझे अपना समझोगे। वह नहीं आया। लेकिन, क्या यही कम है कि उस दिन तुमने मुझको पहचानने से इनकार नहीं किया! कर सकते थे, क्या मैं इसको अपना सौभाग्य न समझूँ!

लेकिन, यह सब अपनी प्रशंसा करने जैसा ही है। ना, ऐसा करके मैं इस कहानी को लम्बा नहीं करूँगी। मैं केवल इतनी ही बात कहना चाहती हूँ कि जब मेरी आशाओं और कल्पनाओं का स्वर पूरी तरह जगमगा उठा था, तभी एक सवेरे दीपू भागता हुआ आया। वह बुरी तरह हाँफ रहा था। उसकी आँखें क्रोध से लाल हो रही थीं। मैंने अचकचाकर पूछा, “क्या हुआ, क्या बात है?”

दीपू ने जैसे चीखकर कहा, “नीच, वह नीच है।”

मैं हतप्रभ-सी बोली, “कौन, कौन है नीच?”

"वही भैया।"

"क्यों, क्या किया उन्होंने?"

"जो एक नीच आदमी कर सकता है। उन्होंने तीसरी शादी कर ली।"

जैसे वज्राघात हुआ। पूरी शक्ति के साथ मैंने दीवार को पकड़ने की कोशिश की, पर असफल रह जाना पड़ा। मैं वहीं फर्श पर बैठ गयी। कब तक बैठी रही, कुछ मालूम नहीं। जब होश आया तो पाया कि दीपू वहाँ नहीं है। अब सब कुछ समझकर मुझे रोना आ गया। बहुत देर तक रोती रही। सिसक-सिसककर रोती रही। कई दिन तक मेरा वह रोना नहीं रुका। अचरज इस बात का था कि मैं जिन्दा कैसे रही। लेकिन जो निर्लज्ज इतने वर्ष तक इस असहनीय वेदना को सहकर भी आशा का परित्याग न कर सकी, वह इस वज्राघात से भी कैसे मर पाती। मर पाती तो आज यह पत्र लिखने की इच्छा ही क्यों होती? घृणा और पीड़ा के उन दिनों में मुझ तिरस्कृता के प्रति जैसे सारी बस्ती का प्रेम उमड़ पड़ा था। मेरी हमजोलियाँ आ-आकर मेरे पास बैठतीं और तुम्हें कोस-कोसकर मेरे आक्रोश की अग्नि में घी डालने का प्रयत्न करतीं। लेकिन मैं उन्हें कैसे बताती कि मेरे मस्तिष्क में तुम्हारी तसवीर इतनी गहरी अंकित हो गयी थी कि उसको कोई भी धो देने में असमर्थ था! वे जितनी तुम्हारी निंदा करतीं, मेरे मन में तुम्हारे प्रति उतना ही प्रेम सघन हो उठता, और मैं नये-नये तर्क देकर या 'भगवान की माया है' कहकर उनको निरुतर कर देती। वस्तुतः उनके मन में शायद मेरे प्रति सहानुभूति इतनी नहीं थी, जितनी इस घटना का अन्तिम परिणाम देखने की उत्सुकता।

तुम इतने महान् लेखक हो। तुमने न जाने कितनी कुरूपाओं और चरित्रहीनों को अपने प्रेमियों से मिलाया है। क्या तुम मुझे नहीं मिला सकते थे? मिला सकते थे। लेकिन मैं तो किसी योग्य थी ही नहीं। मेरे और तुम्हारे जीवन को बाँधनेवाला कोई भी सूत्र मेरी दृष्टि में नहीं था। इस सत्य को मैं स्पष्ट रूप से देख चुकी थी कि मेरे और

तुम्हारे बीच कहीं कोई समता नहीं है। लेकिन न जाने क्यों, इसके अन्तिम परिणाम को जानने को मैं भी उतनी ही उत्सुक हो उठती थी, जितना गाँववाले।

उन्हीं में से एक-दो पुरुषों के मन में मेरे प्रति इस हद तक सहानुभूति उमड़ी कि उन्होंने मुझे अपनी बना लेना चाहा। खुलेआम उन्होंने मुझे निमंत्रण दिया। बड़ी लज्जा की बात है कि एक विवाहिता अपने पति से अपने प्रेमियों की कथा कहे! क्या तुम हँसोगे नहीं? भले ही मैंने उनको मन से स्वीकार न किया हो, लेकिन अंगस्पर्श तो हुआ ही था। उनकी रस-भरी बातों ने मेरे घावों पर मरहम भी लगाया था। यह दूसरी बात थी कि वे घाव तुम्हारे प्रति मेरे झुकाव को और भी गहरा कर देते थे। एक ने मुझसे कहा था, "क्यों जीवन-रस को इस तरह सुखा रही हो? इसको चखकर देखो।"

मैं उसे कैसे समझाती कि बीस साल तक रस के जिस घड़े को मैं इस तरह सुरक्षित रखती आयी हूँ, उसका उपयोग करने का साहस अब कहाँ पाऊँगी! मेरी यह कृपणता दूर नहीं हो सकती। फिर भी मुझे लग रहा था कि रस-भरा वह घड़ा धीरे-धीरे सूखता जा रहा है, और मैं तिल-तिल करके गलती जा रही हूँ। कोई आशा नहीं है। लेकिन तभी एक अज्ञात स्थान से पुकार उठी, एक और वज्राघात हुआ। मेरे प्राणों में जैसे जीवन का संचार हो आया। सैलाब जब आता है तो चारों ओर महानाश का दृश्य दिखायी देने लगता है। लेकिन वह महानाश ही धरती की मुक्ति बन जाता है। वह उर्वरा हो उठती है।

अचानक दीपू की पत्नी बीमार हुई और तीसरे दिन ही उसकी मुक्ति हो गयी। इस आकस्मिक वेदना ने मुझसे जैसे जीवन दिया। क्या तुम्हें अब भी यह समझाना होगा कि मैं दीपू को कितना प्रेम करती थी? वेदना के अंधकार से भरे जीवन में वही एकमात्र स्नेह का सम्बल था। उसकी इस विपत्ति में मैं अपने को भूल गयी और पूरे तीन दिन तक उसकी पत्नी की खाट की पट्टी से लगी हुई बैठी रही। ऐसे अवसरों पर मैं अकसर यही करती थी। अन्तिम क्षण तक वह

पूर्ण स्वस्थ रही। उसने मुसकराकर मेरी ओर देखा। भगवान् के वरदान की तरह उसकी वह मुसकान जैसे मेरे रोम-रोम को अमृत से भरने लगी। उसने कहा, "जीजी, अपनी दौलत मैं तुम्हारे चरणों में डाले जाती हूँ, सँभालकर रखना।"

मैंने उत्तर दिया, "मैं किसी की दौलत नहीं सँभालती। तुम्हारी दौलत तुम्हें मुबारक हो।"

वह और भी आर्द्रता के साथ मुसकराई, लेकिन बोली नहीं। बिना कुछ कहे ही उसने करवट बदली। मैं हड़बड़ाकर उठी और जब तक अपने को सँभाल पाती, तब तक उस घर में एक बार फिर हाहाकार मच उठा। एक और ज्योति सदा के लिए बुझ गयी।...

नहीं! अब उस बात की चर्चा नहीं करूँगी। मेरे लिए इस घटना का महत्त्व केवल इतना ही है कि जो मृत्यु मेरे लिए आनी थी, वह उस खिले हुए फूल को कुचलकर चली गयी और मुरझाया हुआ फूल रस की बूँद पाकर फिर अटका रह गया। व्यक्ति के भीतर न जाने क्या-क्या है! क्या कभी कोई अपनी सब परतों को उधेड़-उधेड़कर देखता है? मैं आज प्रयत्न कर रही हूँ। तभी तो कह सकती हूँ कि आनेवाले उन दिनों में, जब मौत की छाया चारों ओर छाई हुई थी, मैं अपने मन में कल्पनाओं का एक नया आल-जाल तैयार कर रही थी। तुम सोचोगे कि मैं कितना बड़ा पाप कर रही थी। लेकिन मैं क्या करती, अभी तेरह दिन भी नहीं बीते होंगे कि बेटियों के बापों ने दीपू पर आक्रमण करना शुरू कर दिया। यदि उस आक्रमण में किसी अज्ञात अंधकार के कोने से मेरे तीर भी चल गये तो उसके लिए मैं अपने को दोषी कैसे ठहराऊँ? और आज जबकि सब कुछ समाप्त होने वाला है, तब क्यों न अपने मन के गहरे से गहरे भावों को प्रकट कर दूँ? मैं स्पष्ट रूप में स्वीकार करती हूँ कि तब मेरे मन में यह इच्छा बलवती होती जा रही थी कि क्या मेरा विवाह दीपू के साथ नहीं हो सकता? दीपू आयु में मुझसे कुछ बड़ा ही है। और जब से मैं यहाँ आयी हूँ, मैंने उसके प्यार की उष्मा को अनुभव किया है। उसने मुझे पाने की चेष्टा भी की थी। मेरी ओर से इनकार होने पर

ही उसने विवाह किया था। शायद विधि को यह स्वीकार नहीं था कि उसका यह विवाहित जीवन सुखी हो। इसीलिए उसने उसकी परिणीता को उससे छीन लिया था। क्या यह सब इसलिए नहीं था कि विधाता मेरी सहायता करना चाहता था? तुम सोचकर देखो कि इन सब बातों में क्या एक तार नहीं जुड़ा हुआ था? क्या इनमें कहीं मेरी चरित्रहीनता का आभास तुम्हें मिलता है?...

दिन बीत रहे थे और मैं एक असीम प्रसन्नता से पागल-सी होती जा रही थी। मेरी साँसें रुकने लगी थीं, क्योंकि प्रसन्नता के उस बोझ को सँभालना मेरी दुर्बल शक्ति से बाहर था। यह ठीक है कि मेरे चेहरे पर एक चमक आने लगी थी। मेरे शरीर में धीरे-धीरे शक्ति का संचार होने लगा था। लेकिन मैं फिर भी बार-बार सिहर उठती थी। लोग समझते थे कि मैं दीपू के दुख से दुखी होकर ही अपने को सँभाल नहीं पा रही हूँ। मेरे अन्दर कोई तीव्र वेदना है। ऊपर से उसके दुःख को कम करने के लिए साहस का दिखावा कर रही हूँ। वे इस बात को नहीं जानते थे कि मेरा अन्तर एक नये प्रेम से ओत-प्रोत है। तब हर चीज मुझे आनेवाले सौभाग्य और अतृप्ति की समाप्ति की सूचना दे रही थी।

यह सब एक ही ओर से हो, ऐसा भी नहीं था। ठीक उसी तरह जिस तरह दीपू का बड़ा भाई मेरे पास आया था, दीपू भी मेरे पास आया। मैं उसके आने की राह देख रही थी। उस दिन भी वही शीतकाल का सेवरा था। वही पाँच बजे का समय। मैं चक्की चलाने के लिए उठी ही थी कि दरवाजे पर आहट हुई। मैं घबराई नहीं, तुरन्त दरवाजा खोल दिया। जैसे मैं युग-युग से उस आहट की प्रतीक्षा कर रही थी। धीरे-धीरे वह अन्दर आया और उस धुँधली रोशनी में उसने मेरी ओर देखा। बहुत देर तक हम मौन एक-दूसरे को देखते रहे। मैंने ही पूछा, "सैर करने जा रहे हो?"

वह फुसफुसाया, "हाँ, जा रहा हूँ। तुम चलोगी?"

एक ही क्षण में जैसे मेरा सारा साहस बेकार हो गया हो। मैंने काँपकर कहा, "क्या कहते हो?"

वह मुसकराया, "जो कुछ कहना चाहता हूँ, वह तुम जानती ही हो।"

मेरे मुँह से एकाएक कोई शब्द नहीं निकला। परन्तु दूसरे ही क्षण मैंने तीव्र स्वर में कहा, "नहीं-नहीं, मैं कुछ नहीं जानती। तुम चले जाओ।..."

और यह कहते हुए जैसे मैंने उसे धक्का देकर दरवाजे से बाहर कर दिया। लेकिन वह घबराया नहीं। हँसकर बोला, "जा रहा हूँ। केवल इतना ही कहने आया था और आशा है, जल्दी ही इसका उत्तर भी लेने आऊँगा। इतने सवेरे नहीं आऊँगा। भरी दोपहर में आऊँगा, जिससे हम एक-दूसरे को अच्छी तरह पहचान लें।"...

लिखती जा रही हूँ। न जाने क्यों, यह सब कुछ लिख देने को मन कर आया है। तुम्हें तो यह सब बड़ा विचित्र-सा लगता होगा! कैसी कुघड़ और कुरूप है मेरी भाषा। कभी-कभी मुझे भी यह संसार बड़ा कुरूप दिखायी देता है। मेरी कोठरी के बाहर की दुनिया जैसे घोर अन्धकार में आलिप्त है। लेकिन मेरे दरवाजे के भीतर अजस्र प्रकाश का स्रोत बह चला है। इस कोठरी में, जहाँ मुझे तुम्हारे साथ सैकड़ों-हजारों रातें काटनी थीं, आज भी मैं कल्पनाओं के संसार में उस स्वप्न को सँजोया करती हूँ। किसी ने लिखा है, 'जीवन स्वप्न से सुन्दर है।' होता होगा। मेरे लिए स्वप्न ही सुन्दर है, क्योंकि मैं अनुभव करती हूँ कि यहाँ तुम मेरे साथ रहते हो, मैं तुम्हारे शरीर का स्पर्श नहीं कर पाती, लेकिन तुम्हारी साँसों की ध्वनि तो मुझे पुलकित करती ही रहती है। मुझे भय है कि तुम मुझे पागल समझोगे, तुम्हारे मन में नाना प्रकार के विचार उठेंगे, शायद तुम ग्लानि से भी भर उठो; पर मैं तुम्हें विश्वास दिलाती हूँ कि मैं तुम पर कोई दोष नहीं लगाना चाहती। मैं तुम्हें अपने मन की कहानी सुना रही हूँ।...

बेचारा दीपू। वह भरी दोपहरी में आने की प्रतिज्ञा कर गया था। लेकिन इससे पहले कि दोपहरी आती, एक और अघटित घटना घट गयी। हमारे गाँव में एक पाठशाला थी। उन दिनों उसे मिडिल स्कूल में परिवर्तित कर दिया गया था। उसमें जो मुख्याध्यापिका

नियुक्त हुई थी, वह मेरी ही तरह परित्यक्ता थी। उस समय यह बात कोई नहीं जानता था। उसका एक पुत्र भी था, जिसको वह बहुत प्यार करती थी। उसमें और मुझमें कोई समानता नहीं थी। वह जितनी प्रगतिशील थी, मैं उतनी ही पिछड़ी हुई। लेकिन जैसा कि स्वाभाविक था, बहुत शीघ्र ही मेरे बारे में वह सब कुछ जान गयी। गाँव की दुनिया कितनी सीमित होती है!

यह बात तनिक भी आश्चर्यजनक नहीं है। आश्चर्यजनक यह है कि मैं उसके बच्चे को बहुत प्यार करने लगी। तुम कहोगे, मेरे लिए बच्चों को प्यार करना स्वाभाविक था। लेकिन मैं कहूँगी, यह ठीक होकर भी ठीक नहीं था। दीपू के बड़े भाई के दोनों बच्चों को मैं निश्चय ही प्यार करती थी, लेकिन यह भी सच है कि उनको देखकर मेरा मन कभी नहीं उमड़ा। उनसे अलग होकर मैं कभी नहीं पिघली। लेकिन मुख्याध्यापिका के इस बच्चे को देखकर, न जाने क्यों, ऐसा लगने लगा था कि जैसे मैंने बहुत कुछ पा लिया है। और जब वह मेरे पास नहीं रहता था, तो लगता था, जैसे मैंने बहुत कुछ खो दिया हो।

उस अध्यापिका के बारे में मैं केवल इतना ही जानती थी कि वह विधवा है और अपने स्वर्गीय पति की स्मृति, इस पुत्र के लिए ही वह जी रही है। लेकिन एक दिन दीपू ने आकर मुझसे कहा, "भाभी, तुमने कुछ सुना?"

यह दीपू के मुझसे मिलने की प्रतिज्ञा करने के दूसरे दिन की ही बात है। मैंने सहज भाव से उत्तर दिया, "नहीं तो! क्या बात है?"

"वह जो हैडमास्टरनी है न, यशोदा, उसको स्कूल से निकाल दिया गया है।"

मैं हठात् काँप उठी। एकदम पूछा, "क्यों, क्या बात है?"

"बात पेचीदा है।"

सहसा मेरे मन में विचारों का एक तुमुलनाद घुमड़ उठा। अवश्य ही वह चरित्रहीन रही होगी। अवश्य ही उसपर यह लांछन लगाया गया होगा। मैंने दीपू की ओर देखकर कहा, "वह नारी है। और नारी पर सबसे बड़ा लांछन यही लगाया जा सकता है कि वह

चरित्रहीन है। अवश्य ही स्कूल के व्यवस्थापकों ने यही किया होगा।"

दीपू ने आश्चर्य से मेरी ओर देखा और उत्तर दिया, "हाँ, इससे कुछ मिलती-जुलती ही बात है।"

"तो क्या वह परित्यक्ता है?"

दीपू हठात् काँप उठा, विस्मित विमूढ़ मेरी ओर देखकर बोला, "तुम कैसे जानती हो?"

मैं गर्व से हँसी। बोली, "मेरे अन्दर कोई बैठा है, जो सब कुछ बताता रहता है। इन पिछले बीस सालों में उसी ने तो मेरी रक्षा की है। यशोदा अगर तुम्हें कहीं मिले तो उससे कह देना कि मेरे घर में उसके लिए बहुत जगह है।"

दीपू जैसे गिर पड़ेगा। दीवार थामकर उसने फिर मेरी ओर देखा, "लेकिन तुम तो...।"

मैं फिर हँसी। बोली, "रहने दो दीपू, इन बातों को रहने दो। मेरे भाग्य में विडम्बना ही लिखी है। अबं तुम अपने मन से इस तसवीर को धो डालो।"

दीपू का मुख सहसा श्वेत हो आया। लगा जैसे वह कुछ कहना चाहता है। लेकिन फिर एक झटके के साथ जैसे अपने को तोड़कर वह बाहर निकला चला गया। एक क्षण तो मैं स्तम्भित बैठी रही, फिर जैसे मेरा मन हाहाकार से भर उठा। एक मर्द को मैंने कैसा कदर्य बना दिया और एक मर्द तुम हो जो मुझपर दया करते हो। पुरुष जब नारी पर दया करता है, तब धरती माता की छाती में अग्नि दहक उठती है। मानो वह कहती है, अहंकारी मानव, आखिर तुझे मेरी गोद में ही विश्राम मिलेगा।

पुरुष नारी की गोद में ही तो विश्राम लेता है।...

लेकिन मैं यह सब क्या अनाधिकार चेष्टा करने लगी! तुम्हारे जैसे महान् लेखक को मैं उपदेश दूँ। मैं तो यशोदा की बात कहने जा रही थी। मैं उसे जितना निर्बल समझती थी, वह उतनी ही सबल थी। स्कूल से अलग होकर भी वह उस गाँव से नहीं गयी। यह अच्छा

ही हुआ, उसके बच्चे के प्रति मेरे मन में जो स्नेह उमड़ आया था, उसके सूखने का अवसर नहीं आया। वह अपनी माँ से अधिक मेरे पास रहता था, और इसीलिए मेरे मन में जीने की लालसा फिर उभर आयी थी। वर्षों पहले जो पढ़ाई मैंने छोड़ दी, थी वह फिर शुरू हो गयी। और यशोदा, जिसके लिए जीवन सदा एक प्रश्नवाचक चिह्न था, गाँव की लाड़ली बनती जा रही थी। कैसे धीरे-धीरे वह हर घर की सदस्य बन गयी, यह कहानी बताना व्यर्थ है। इतना ही कहूँगी, वह मेरे घर की एक सदस्य ही नहीं थी, मेरे मन की स्वामिनी भी बन गयी थी। उसी के आग्रह पर तो मैंने पढ़ाई शुरू की थी और उसी के पुत्र के कारण मैं मातृत्व के सुख में डूबती जा रही थी। वह मेरी सारी कहानी सुन चुकी थी। और यह जो कुछ मैं आज लिख रही हूँ, यह सब उसी के कारण तो है ही। मेरी अटपटी भाषा को उसी ने सँवारा, उसी ने मेरी कहानी को रूप दिया। मैं तो बस उसी को दुहरा-भर रही हूँ।

एक दिन मैंने साहस करके उससे पूछा, "यशोदा बहन, तुमने अपनी कहानी तो बतायी ही नहीं।"

वह हँस पड़ी। सहज भाव से उसने कहा, "मैं तुम्हें बता तो चुकी हूँ। मेरे एक पति थे, जिनसे मैंने प्रेम-विवाह किया था। लेकिन प्रेम का उन्माद जब शान्त हो गया तो मैंने पाया कि हम दोनों दो दिशाओं के व्यक्ति हैं। एक दूसरे को आकर्षित नहीं करते, खींचते हैं। खिंचाव में ही संघर्ष है। रोज-रोज की झिकझिक, मनमुटाव, ईर्ष्या, द्वेष, घृणा। कई साल तक यह सब चलता रहा। अन्त में एक दिन उन्होंने कहा, 'यशोदा, ऐसे नहीं चल सकता। क्या अब हमें अलग नहीं हो जाना चाहिए?'

"सच कहती हूँ रामो बहन, पहली प्रतिक्रिया मुझपर यही हुई कि मैं उनका गला घोंट दूँ। और उसके बाद मैंने सोचा, यही मार्ग ठीक है। यही होना चाहिए। हम दोनों जैसे एक हुए थे, वैसे ही अलग क्यों न हो जायें?"

मैंने कहा, "और तुम दोनों अलग हो गये। लेकिन बात क्या

केवल इतनी ही है? स्त्री-पुरुष के बीच में क्या घटना इसी तरह घट जाती है?"

एक क्षण के लिए यशोदा दुविधा में पड़ गयी। फिर तीव्र वेग से हँसती हुई बोली, "अब उस सारी बात को क्या बताऊँ? फिर तुमसे कहूँ भी क्या? अलग होकर मैं चली आयी। उन्होंने मुझे बहुत कुछ देना चाहा, लेकिन मैंने कुछ भी स्वीकार नहीं किया। बस एक ही वस्तु मैंने उनसे चाही। चाही क्या, उस पर मेरा अधिकार था। मैंने बच्चे को अपने पास रखा।"

मैं आँखें फाड़-फाड़कर उसकी ओर देख रही थी। फिर न जाने क्या हुआ, मैं चीखकर रो पड़ी। उसके बाद मुझे केवल इतना ही याद है कि जब मेरी आँख खुली तो मेरा बदन बुरी तरह टीस रहा था। जैसे मैं किसी स्वप्नलोक से जागी थी। मैंने कराहते हुए पूछा, "मैं कहाँ हूँ?"

यशोदा आँखों में आँसू भरे हुए मेरे ऊपर झुकी हुई थी। मुसकराकर बोली, "अपने ही घर में हो। मैं यशोदा हूँ और यह मनोज। आज से तुम इसकी माँ हो।" और फिर उसने मेरा हाथ दबाया, मेरे हृदय को सहलाया और दोनों हाथों में मेरा मुँह लेकर आँखों में झाँकती हुई बोली, "मुझसे गलती हो गयी। प्रतिज्ञा करती हूँ कि आज के बाद हम पिछले जीवन की बातें नहीं करेंगे।"

और उसने अपनी प्रतिज्ञा का पूरी तरह पालन किया। उसने अपने आपको गाँव के जीवन में आत्मसात् कर दिया। यहाँ तक कि वह अपने बच्चे का भी कोई विशेष ध्यान नहीं रखती थी। उसे इस बात की आवश्यकता ही नहीं थी, क्योंकि अनायास ही मैं उसके बेटे की माँ बन गयी थी। एक अनाड़ी की तरह अति उत्साह से मैं उसकी देखभाल करती। वह भी चार वर्ष का शिशु जैसे मुझमें ही अपनी माँ को पा गया हो। इसके लिए मुझे महीनों साधना करनी पड़ी थी। मुझे ऐसा लगा था जैसे जिस दुख के भार को मैं अकेले वहन करती आयी हूँ, उसको उठानेवाले अब एक से दो हो गये हैं। मन की बात कहती हूँ। मनोज के कारण मेरा जीवन मुझे भार नहीं मालूम होता था। कभी-कभी तो यहाँ तक होता कि मनोज को लेकर मैं उसकी माँ से

लड़ पड़ती, अधिकार के साथ अपना दावा पेश करती। पास-पड़ोसवालियाँ दाँतों तले उँगली दबाकर कहतीं, "बेटा तेरा है या उसका?"

मैं उत्तर देती, "मेरा है। इसमें भी क्या कोई शक है?"

मुझे ठीक याद है, जब उसने पाँचवें वर्ष में प्रवेश किया, तब उसको स्कूल भेजने के प्रश्न को लेकर काफी झगड़ा उठ खड़ा हुआ था। यशोदा चाहती थी कि मनोज को शहर के किसी बोर्डिंग में दाखिल कर दिया जाये। लेकिन मैं अडिग थी कि मनोज गाँव में ही पढ़ेगा। जानती थी कि शहर में अच्छी पढ़ाई होती है, लेकिन मैं यह कैसे सहन कर सकती थी कि पाँच वर्ष का वह बालक इतनी दूर अकेला रहे!

मैंने उसे गाँव की पाठशाला में भरती करा दिया।

यशोदा बोली, "जीजी, तुम गलती कर रही हो। उसके अकेले रहने का डर है तो तुम उसके साथ जाकर रह सकती हो।"

मैं जैसे काँप उठी, "मैं शहर जाकर रहूँगी!"

यशोदा बोली, "हाँ, इसमें हर्ज ही क्या है?"

मैंने दीर्घ निःश्वास खींचकर कहा, "मैं तुम्हें कैसे समझाऊँ कि मेरे लिए गाँव छोड़ने का क्या अर्थ होता है?"

वह हँस पड़ी, "तो फिर मैं चली जाती हूँ।"

मैंने सहसा कहा, "नहीं, मैं मनोज को अपने से अलग करने की कल्पना भी नहीं कर सकती।"

उसने मेरी आँखों में झाँका, फिर मुसकरा पड़ी। वह व्यंग्यभरी मुसकराहट जैसे मेरे कलेजे में बरछी की तरह चुभती चली गयी। वह बोली, "तुम किसी को बाँधकर रख सकती हो?"

जैसे सारा संसार भरभराकर चारों ओर बिखर गया हो। मेरा सिर इतनी तीव्र गति से घूमा, मुझे आश्चर्य है कि मैं यह पत्र लिखने के लिए जीवित कैसे हूँ। वहाँ से मैं तेजी से भागती हुई अपनी कोठरी में पहुँची, किवाड़ों को अच्छी तरह से बन्द कर लिया। फिर उसने उन्हें बार-बार खड़खड़ाया। दीपू ने बार-बार आकर मुझे पुकारा। मनोज के रोने की आवाज भी मैंने सुनी। लेकिन मैंने किवाड़ नहीं खोले, नहीं खोले।

दिन बीत गया। रात भी बीत गयी। मेरे आँसुओं से कोठरी का वह कच्चा फर्श एक बार फिर भीग गया। लेकिन मेरी वेदना की थाह क्या किसी को मिली। जब मैंने किवाड़ खोले तो धूप खिल उठी थी और ठण्डी हवा के कारण मेरा सिर काँप रहा था। मैं जो कुछ थी, उसको जानती थी। लेकिन उस ज्ञान का आभास जब उसकी ओर से मुझे मिला, तो मेरे लिए जैसे मेरा जीवन दूभर हो गया हो। धीरे-धीरे मैं अपने काम में लग गयी। मुझे नहीं मालूम कि वह कब मेरे पास आयी। मैंने जब उसे देखा तो वह आँखों में आँसू भरे चुपचाप दालान में बैठी थी। दृष्टि मिलते ही वह बोली, "कल की बात के लिए माफी माँगने आयी हूँ। अनायास ही मैं कुछ ऐसी बातें कह गयी जो मुझे नहीं कहनी चाहिए थीं।"

मैंने मुसकराकर कहा, "सत्य अनायास ही प्रकट होता है।"

वह व्याकुल होकर बोली, "नहीं, नहीं, मेरा यह मतलब नहीं था। मुझे दुःख है।"

मैं हँस पड़ी, "तुमने तो मुझे चेतावनी ही दी है। अब यह दो दिन की वेदना है, सह लूँगी। कल को जब मैं किसी योग्य न रहती तब यदि यह सत्य प्रकट हुआ होता, तो मेरी क्या दुर्दशा होती इसकी कल्पना करके भी मैं सिहर उठती हूँ। मैं तुम्हारा उपकार मानती हूँ, तुम शहर चली जाओ।"

वह एक क्षण चुपचाप मेरी ओर देखती रही। फिर बोली, "नहीं, यह नहीं हो सकता। मैं शहर नहीं जाऊँगी।"

मैंने उसी दृढ़ता से कहा, "अब तो तुम्हें जाना ही होगा। मेरे आँसुओं की चिन्ता मत करो। वे सुख चुके हैं। मैं मानती हूँ कि मेरी चाह अतृप्त है। लेकिन मैं तुम्हें कैसे बताऊँ कि यह अतृप्ति ही मेरे जीवन का सम्बल बनी हुई है। तृप्ति का अर्थ मेरे लिए केवल मृत्यु ही है।"

उसने फिर मुझसे कुछ नहीं कहा। वह वहाँ से चली गयी। इस एक वाक्य ने मेरा सारा जीवन जैसे पलट दिया हो। उस एक रात में ही मैं कितनी बुद्धिमती हो उठी, कितना मैंने सोचा, कितने प्रश्न उठाए, फिर किस प्रकार मैंने उनको हल किया, यह सब मैं तुम्हें कैसे

बताऊँ? रहने दो इस कहानी को। मनोज और उसकी माँ, दोनों उस गाँव से चले गये। लेकिन जाने से पहले मेरे जीवन में एक और सत्य का उद्घाटन कर गये।

उस दिन मैं बहुत देर तक उस समस्या में उलझी रही। धीरे-धीरे मैंने ऐसा अनुभव किया कि जैसे मैंने उसके प्रति अन्याय किया हो। संध्या होते-होते इस तथ्य ने मुझे जैसे जकड़ लिया। मुझे लगने लगा जैसे मुझे उससे क्षमा माँगनी चाहिए। इसीलिए अँधेरा हो जाने पर मैं चुपचाप घर से बाहर निकली और उसके घर पहुँची। रास्ते में मुझे नहीं मालूम कि किसी ने मुझे देखा या नहीं, मैं किससे टकराई या किसको ठुकराया, मैं तो अपने में खोई-खोई-सी उसके दरवाजे पर पहुँचकर ही रुकी। मेरी आँखें भरी हुई थीं। एक क्षण रुककर मैंने अपने को सँभालने का प्रयत्न किया। फिर खुले दरवाजे से होकर अन्दर चली गयी। दालान में रखी हुई लालटेन का धीमा प्रकाश, अन्धकार को और भी धुँधला कर रहा था। लेकिन मैंने पाया कि कमरे के किवाड़ जैसे ढुलके हुए हैं। इसलिए बिना कुछ सोचे-समझे आगे बढ़ी चली गयी। मैं उसे चकित कर देना चाहती थी। लेकिन जैसे ही मैंने दरवाजे को खोलने का प्रयत्न किया, एक घबराई हुई आवाज वहाँ गूँज उठी, "कौन?"

और इसके साथ ही जैसे कोई तेजी से उठकर खड़ा हो गया हो। मैं एकाएक लज्जा से गड़ गयी। मैंने कहा, "मैं हूँ।"

किवाड़ खुल चुके थे। झाँककर देखा, एक चारपाई पर मनोज सोया पड़ा था और दूसरी चारपाई पर लेटा है दीपू। उससे कुछ दूर काँपती हुई खड़ी है यशोदा। उस धुँधले प्रकाश में मैं उनके चेहरे के भावों को नहीं पढ़ सकी। पढ़ने की आवश्यकता भी नहीं थी। मैं सब कुछ समझ गयी। मेरे मुँह से निकला, "मैं माफी चाहती हूँ।"

और इतना कहकर मैं तीर की तरह काँपती हुई अपनी कोठरी में आकर ही रुकी। रास्ते में ठोकर खाकर मेरी उँगली में चोट आ गयी, अपने घर के दरवाजे पर मैंने अपना सिर फोड़ लिया। लेकिन कोठरी में घुसने पर मैं रोई नहीं। फर्श पर लेटी भी नहीं। खाट पर जा बैठी और आँखें फाड़-फाड़कर उस महाशून्य में एक दूसरे

महाशून्य की खोज करने लगी। प्रतिक्षण मैं यह अनुभव कर रही थी कि जैसे मेरे हृदय की गति बन्द हो चुकी है। लेकिन कुछ क्षण बाद मैंने पाया कि मैं अपनी खाट पर हूँ और किसी ने बड़े जोर से मेरे पैरों को पकड़ रखा है। मैंने अचकचाकर कहा, "कौन है भाई?"

कोई उत्तर नहीं मिला। मैं जैसे जागी। आँखें फाड़-फाड़कर देखा। वह तो दीपू था। जैसे अग्नि की ज्वाला मुझे झुलसाती हुई निकल गयी हो। घृणा के तीव्र आवेग से मैं थरथराई, लेकिन यह सब क्षण के सहस्रवें भाग में ही होकर रह गया। मुझे यह सोचने का क्या अधिकार है कि दीपू ने मेरे साथ विश्वासघात किया है? वह मेरा कौन था? मेरे तो तुम ही थे और तुमको पाने में बार-बार असफल रही हूँ। मैंने दीपू से कहा, "तुम क्यों आये हो, यह मैं जानती हूँ। लेकिन भाई, तुमने तो जो कुछ किया है, वह ठीक ही किया है। मुझे जरा भी रंज नहीं।"

दीपू ने रोते हुए कहा, "लेकिन भाभी...।"

मैंने कहा, "तुम इस सम्बन्ध में मुझसे कुछ भी मत कहो। तुमने यदि कभी एक क्षण के लिए भी मुझे प्यार किया हो तो उसी प्यार की सौगंध दिलाकर मैं तुमसे कहती हूँ कि मुझ पर अविश्वास मत करो। तुम उससे विवाह कर लो, सुखी रहो। मेरा सुख इसी में है।"

सच कहती हूँ, यह सब जो कुछ मैं कह रही थी, सच्चे मन से नहीं कह रही थी। आज जब सब कुछ लिखने ही चली हूँ तो उस सत्य को झुठलाऊँगी नहीं। दीपू को देखकर मेरे मन में यही उठा था कि मुक्के मार-मारकर उसका सिर फोड़ दूँ, उसके दिल को चूर-चूरकर दूँ और फिर पूछूँ, 'बता अब कैसा लगता है?' लेकिन आदमी तो अपने को ठगने की विद्या में सिद्धहस्त है। इसी कारण वह जानवर से आदमी बना।

मैं तुम्हें विश्वास दिलाती हूँ कि मैंने अपने भावों को रंचमात्र भी प्रकट नहीं होने दिया और इसका जो परिणाम होना था, वही हुआ।

दीपू और यशोदा दोनों उस गाँव से चले गये। साथ में मनोज को भी ले गये। वह मनोज जो मेरे आँचल की छाया में मेरे और मेरे प्यार की मनुहारों से बड़ा हुआ था, मेरी ओर देखे बिना ही चला गया। कुछ दिन बाद सुना, वह बहुत प्रसन्न है। उसका नया बाप उसे बड़े

प्यार से रखता है। उसकी माँ फिर एक बड़े स्कूल में अध्यापिका बन गयी है। मैंने दोनों हाथ माथे से छुआकर भगवान् से प्रार्थना की, 'प्रभो, मेरे मन को शुद्ध करो। जैसे वे सुखी हैं, सब सुखी हों।'

इस अन्तिम रात में, हाँ, यह मेरे जीवन की अन्तिम रात ही है, लालटेन की लौ तेजी से काँप रही है और दीवार की दरारों में से आती हुई हवा मेरे शरीर में चुभ रही है। मैं बार-बार अपने से एक सवाल पूछती हूँ, कि क्या यह सम्भव नहीं था कि दीपू मेरे साथ विवाह कर लेता; क्योंकि वह मुझे भी इसी तरह प्यार करता था जिस तरह उसने मनोज की माँ को किया? यह प्यार क्या है? प्यार क्या किसी एक को ही किया जाता है? या यह मनुष्य के शरीर का एक ऐसा प्राकृतिक तत्त्व है जो अनुकूल वातावरण पाते ही विकसित हो जाता है? उसके लिए यह आवश्यक नहीं है कि उसके प्रेम की पात्री एक विशेष नारी हो। कोई भी नारी हो सकती है। शर्त यही है कि वह नारी हो। इस प्रेम को लेकर दुनिया के इतिहास में अनेक व्यक्तिवाचक नाम अमर हो गये हैं। लेकिन करोड़ों वर्ष की अवधि में आठ-दस नाम क्या कोई अर्थ रखते हैं? क्या यह तथ्य इस बात का प्रमाण नहीं है कि प्रेम के क्षेत्र में व्यक्ति का कोई अर्थ नहीं? ऐसा समझना बहुत बड़ी ठगाई है।

लेकिन यह सब मैं क्यों लिखा रही हूँ, इसलिए न, कि मैं इस क्षेत्र में बार-बार असफल रही हूँ। तुम्हारे विशाल व्यक्तित्व की आड़ में मैंने और व्यक्तियों को लेकर भी यह खेल खेला है। दीपू पर मैंने अपना अधिकार जताया है और मैं स्वीकार करती हूँ कि उसके तथा मेरे जीवन में वे क्षण आये हैं जो दो आत्माओं के मिलन का प्रमाण हो सकते हैं। पुराणों में मैंने पढ़ा है कि मनु और शतरूपा ब्रह्मा के एक ही शरीर से उत्पन्न हुए थे और तब से वे निरन्तर उसी शरीर में समाने का प्रयत्न करते रहे हैं। मैं तुमसे क्या छिपाऊँ, आज भी वे रातें मेरी आँखों में जाग उठती हैं जब दीपू मेरे सिरहाने बैठकर धीरे-धीरे मेरे सिर को सहलाया करता था।

आज की रात मेरी दृष्टि जितनी दूर देख सकती है और

जितना स्पष्ट देख सकती है, उस पर मुझे आश्चर्य हो रहा है। मुझे आश्चर्य हो रहा है कि मेरे जैसी अन्तर और बाहर दोनों ओर से कुरूपा नारी में इतनी शक्ति कहाँ से आ गयी है! मैं जानती हूँ कि मेरी हमजोलियाँ आज भी मुझसे कहती हैं, "रामो, तुम अपने को कुरूपा क्यों कहती हो? देखने-सुनने में तुम इतनी बुरी नहीं हो कि तुम्हें कोई प्यार ही न कर सके। और प्यार का रूप से क्या सम्बन्ध है? तुम इसी गाँव की बेटी माधो को तो जानती ही हो। कैसा भयंकर रूप है उसका! धुँधलके में उसे देखकर उसके अपने बच्चे ही चीख उठते हैं।"

उसके बारे में बहुत-सी कहानियाँ प्रसिद्ध हैं। इसी गाँव और इसी गली में एक रात उसके अपने सात वर्ष के बच्चे ने उसको देखा और बुरी तरह चीखकर भागा। वह यह कहते हुए अपनी नानी की गोद में जा घुसा, 'नानी, बाहर कोई चुड़ैल खड़ी है। मुझे खा जाएगी।'

तब वह बुरी तरह काँप रहा था; और किसी तरह भी समझाने पर उसके मन में ढाढस नहीं बँध रहा था। क्या तुम कल्पना कर सकते हो कि तब उसकी माँ की क्या दशा हुई होगी? अपनी ही संतान का वह काल बन चली थी। लेकिन आज उसके वे बेटे बड़े-बड़े पदों पर काम कर रहे हैं। वह राजरानी की तरह गर्व से सिर ऊँचा करके चलती है। आज जब कोई उसकी ओर देखकर हँस पड़ता है तो वह मुसकराकर सगर्व उत्तर देती है, 'मुझे क्या देखते हो, मेरी कोख को देखो।'

कोख! इस शब्द का ध्यान आते ही न जाने मैं कैसी हो जाती हूँ। लगता है जैसे मैं अपने हाथों से ही अपना गला घोंट लूँ। सच! क्या नारी की सार्थकता यही है कि वह माँ बने? मुझे कई बार कई बच्चों ने 'माँ' कहा है। लेकिन इस सम्बोधन से मेरी तृप्ति नहीं हुई। एक रिक्तता मेरे अन्तर में बराबर बनी रही। काश! मैं किसी तरह उस रिक्तता से मुक्ति पा सकती! किसी भी तरह मेरे जीवन का वह विराट् स्खलन मेरे आनन्द का आधार बन पाता! मेरा मन आज भी दरिद्र नहीं है। लेकिन फिर यह चारों ओर की विशाल दरिद्रता मुझे क्यों निगलती जा रही है? किस काम आएगा यह पतिव्रत धर्म? क्या होगा

उस सतीत्व का जो नारीत्व को सफल न कर सका? क्या एक उपयोगी जीवन को इस तरह अनुपयोगी बना देना, उर्वर भूमि को बंजर भूमि में पलट देना अपराध नहीं है? इस अपराध का मार्जन कैसे हो?...

तर्क उठ सकता है कि इस बात का क्या भरोसा कि फल लगने पर भी वह शुभ ही हो। लेकिन ये बातें क्या अब सोचने की हैं? अब तो मैं केवल एक ही बात सोच सकती हूँ कि क्या तुम मुझे इस योग्य भी नहीं समझ सकते थे कि मैं फलवती बन पाती? लेकिन नहीं, मैं तुम्हारे साथ अन्याय नहीं करूँगी। तुम साधारण मनुष्य नहीं हो जो केवल गुणा में विश्वास करता है। तुम साहित्यप्रणेता शिल्पी हो, तुम फल की चिन्ता नहीं करते। तुम उस एक वस्तु की चिन्ता करते हो जिसे मनुष्य की भाषा ने 'प्रेम' की संज्ञा दी है।

प्रेम की याद आते ही मुझे दीपू की याद आ जाती है। मुझे बहुत अच्छी तरह याद है कि उस दिन मेरा मन और तन दोनों ही बहुत खराब थे। रात को जाते समय दीपू ताकीद कर गया था कि मैं अच्छी तरह सोऊँ और जब तक वह न आ जाये तब तक न उठूँ। लेकिन आदमी तो स्वभाव का दास है। ठीक समय मेरी आँख खुल गयी। शरीर टूट रहा था और मेरे कानों में दीपू के शब्द गूँज रहे थे। काश मैं किसी की चिंता कर पाती! कर पाती तो तुम्हें ही क्यों गँवाती। मैं सदा की ढीठ, उठी और चक्की पर जा बैठी। पीसते-पीसते मेरा शरीर तप उठा। हाथ में तेजी आयी और फिर एकाएक वह ऐसे शिथिल हो गया जैसे खिंची हुई कमान टूट जाती है। मुझे कुछ पता नहीं है कि क्या हुआ। आँखें जब खोलीं तो देखा कि मैं अपनी कोठरी में बिस्तर पर लेटी हूँ और मेरे सिरहाने बैठा हुआ दीपू मेरा माथा सहला रहा है। मैंने उस स्पर्श का अनुभव किया। मुझे ऐसा लगा जैसे वह स्पर्श मेरे सारे अंतर-बाह्य को रससिक्त करता हुआ मुझे एक मधुर उष्णता से भर रहा है। एक ही क्षण में मैं सब कुछ समझ गयी। मैंने फुसफुसाकर कहा, "दीपू!"

वह पीछे से उठकर मेरी खाट पर आ बैठा। तब वहाँ कोई और नहीं था। सूर्य की प्रथम किरण खिड़की से आकर उसके माथे पर

चमक उठी थी, और उसके नेत्र एक तरल ज्योति से जगमगा रहे थे। जीवन में मैंने पहली बार प्रेम को इतने पास से देखा। कई क्षण हम दोनों एक दूसरे को देखते रहे। फिर मैंने महसूस किया कि मैं हाँफ रही हूँ। अपने श्वास को संयत करने का प्रयास करने के प्रयत्न में मैं एकाएक सुबक उठी और फफक-फफककर रोने लगी। आश्चर्य! दीपू तनिक भी परेशान नहीं हुआ। धीरे-धीरे जैसे मधुसिंचित स्वर में बोला, "पगली! न, न, इस बेचैनी से मुक्ति नहीं मिल सकती। सब कुछ छोड़-छाड़कर हमें अब यहाँ से चल देना चाहिए। मैं सब कुछ त्याग दूँगा। तुम्हारे सिवाय अब मुझे और कुछ नहीं चाहिए। दूर, बहुत दूर, मैं ठेका ले लूँगा। वहाँ सिर्फ हम-तुम होंगे।..."

न जाने वह कब तक बोलता रहा। न जाने मैं किस लोक में चली गयी। इतना ही जानती हूँ कि मैंने दीपू का हाथ अपने दोनों हाथों में लेकर अपने वक्ष पर रख लिया था। दो क्षण की निस्तब्धता के बाद दीपू ने फिर कहा था, "तुम कुछ बोलती क्यों नहीं हो? भगवान् के लिए कुछ तो बोलो।"

पर मैं स्वतंत्र कहाँ थी जो कुछ बोल पाती! चुपचाप उसकी ओर देखती रही। आखिर वह उठा, उसने कहा, "कुछ भी हो, अब तुम मेरा कहना नहीं लौटा सकतीं। तबीयत ठीक हो जाने दो। अभी इसी तरह लेटी रहो...।"

और वह चला गया। मैं सोचने लगी, मुझे उसके साथ जाने से कोई नहीं रोक सकता। लेकिन किसी दिन तुम आये तो मैं क्या जवाब दूँगी? तब यहाँ कौन मेरी मदद करेगा? और मैं तुमसे एक बात पूछती हूँ कि क्या अंग से परिचय हो जाने से प्रेम भी हो जाता है? यशोदा से तुम्हारा अंग-अंग का घनिष्ठ परिचय था, फिर भी आज तुम दोनों एक-दूसरे के लिए अजनबी हो। लेकिन उस क्षण मुझे ऐसा लगा था कि जैसे दीपू पराया नहीं है। फिर भी मैं चुपचाप उसकी बातें सुनती रही थी। कोई जवाब नहीं दे सकी थी। सोचती हूँ, उस दिन मेरे संयम का बाँध यदि टूट जाता तो।...

मुझे लज्जा आ रही है। एक परिणीता निर्लज्जा होकर अपनी

प्रेम-कहानी अपने पति को इस तरह सुना रही है। तुम मेरे पति ही तो हो। तुम्हारा-मेरा कभी आंगिक परिचय नहीं हुआ, फिर भी तुमने कभी अपने उस अधिकार का विसर्जन नहीं किया। यह ठीक है कि तुमने कई बार मुझे संदेश भिजवाया कि मैं चाहूँ तो शादी कर सकती हूँ। लेकिन एक पति अपनी पत्नी से दूसरी शादी करने की बात कहे उसको यह अधिकार ही कहाँ है? उसे स्वयं अपनी शादी करने का अधिकार हो सकता है, लेकिन अपनी परिणीता को दूसरे के हाथों में सौंपनेवाला वह कौन होता है?...

लेकिन इस बात के लिए मैं तुम्हें दोष नहीं दूँगी। अपने जीवन की इस अन्तिम बेला में मैं इस बात को बहुत अच्छी तरह समझ गयी हूँ कि दोषी वही होता है जो सहता है। मैं तुमसे कोई शिकायत नहीं करना चाहती। यदि तुम्हें ऐसा लगे कि मैं तुमपर दोषारोपण कर रही हूँ तो तुम मुझे क्षमा कर देना। मेरी घृणा अगर किसी के प्रति हो सकती है तो वह भगवान् के प्रति ही हो सकती है। या उसके प्रति हो सकती है जिसने नियम और विधान का निर्माण किया। या फिर अपने प्रति हो सकती है। तुम तो शिल्पी हो, तुम्हारा हृदय बहुत कोमल है। तुम किसी पर अत्याचार कैसे कर सकते हो! तुमने न जाने कितने गुमराहों को राह दिखाई होगी, न जाने कितने अनाथों को सनाथ किया होगा। इतनी बड़ी भीड़ में यदि एक व्यक्ति के तुम्हारी ठोकर लग भी जाये तो इसमें अपराध की क्या बात है! अपराधी तो मैं हूँ जो तुम्हारी होने की जिद करके भी दूसरे से प्रेम करती रही हूँ।

मैं उस बीमारी की चर्चा कर रही थी। पूरा एक महीना मैं खाट पर पड़ी रही। पूरा एक महीना दीपू मेरी परिचर्या करता रहा। वह इस बात की भरसक कोशिश करता था कि दूसरे लोग इस तथ्य को न जान सकें। लेकिन मुझसे क्या उसका प्रेम छिप सकता था? एक दिन की बात क्या बताऊँ! शाम हो चली थी, मैं अपनी कोठरी में लेटी जीवन की विडम्बना पर विचार कर रही थी। बाहर ठण्डा धुँधलका छाया हुआ था। सीलन से भरी हुई मेरी कोठरी में झींगुर बोल रहे थे। बाहर रह-रहकर कोई पक्षी बोल उठता था। तभी दीपू वहाँ

आया। उसकी बड़ी-बड़ी आँखें एक अजीब-सी उदासी से भरी हुई थीं। उसकी आवाज में भी वही उदासी थी। वह जैसे मेरे वक्ष को चीरती चली गयी। मुझे रोमांच हो आया। मैंने एकाएक कहा, "दीपू, क्या तुम एक काम कर सकते हो?"

"कहो, क्या कहना चाहती हो?"?

"मैं कहना चाहती हूँ कि मुझे यहाँ से कहीं ले चलो। इस कोठरी से दूर, बहुत दूर जहाँ यहाँ का कुछ भी न हो।"

न जाने क्या हुआ, वह एकाएक खिल उठा। बोला, "आज ही चलोगी?"

"आज ही नहीं, इसी क्षण चल सकती हूँ। यह क्षण फिर कभी नहीं आएगा।"

और अपने को विस्मय में डालती हुई मैं उठ खड़ी हुई। उसने चुपचाप मेरा हाथ थाम लिया। मैंने अनुभव किया कि वह बुरी तरह काँप रहा था। लेकिन मैं तो न जाने कहाँ चली गयी थी। आगे बढ़ी। वह भी आगे बढ़ा। तभी जैसे एक दृश्य मेरी आँखों में कौंध गया। मैंने देखा, मैं उसके साथ अग्नि की प्रदक्षिणा कर रही हूँ। विवाह के मंत्र मेरे कानों में गूँज रहे हैं। जैसे वर्षों पहले का वह दृश्य फिर साकार हो उठा, जब मैंने एक गुड़िया की तरह तुम्हारे पीछे चलकर वह विवाह रचाया था जो मुझे अब तक इस बंधन में बाँधे हुए है।...

उसके बाद मैं नहीं जानती, क्या हुआ और कैसे हुआ। इतना ही याद है कि मैं लड़खड़ाकार गिर पड़ी थी और व्याकुल विह्वल दीपू मेरे ऊपर झुक आया था। और बाहर से आकर उसका बड़ा भाई चीख उठा, "निर्लज्ज! बेशर्म!"

इसके बाद जो कुछ हुआ उसे लिखने से कोई लाभ नहीं। तुम समझ ही गये होगे। मैं जानती हूँ कि तुम मेरी इस बेढंगी कहानी का ढंग बिठा लोगे। मैं सिलसिलेवार कुछ नहीं लिख पा रही हूँ। जैसे-जैसे याद आता जा रहा है, वैसे-वैसे लिखती जा रही हूँ। तरतीब देने का समय ही कहाँ है! मैं पहले लिख चुकी हूँ कि दीपू किस प्रकार मेरे जीवन से सदा-सदा के लिए निकल गया।

अब इस गाँव में कोई भी ऐसा नहीं रह गया था जो मुझसे सहानुभूति के दो शब्द कह पाता। और सच तो यह है कि अब मैं भी बदल गयी थी। उसी भीड़ में सबसे कट गयी थी। जैसे सदा की अकेली हूँ। अपने में खोई-खोई-सी, कभी इस कोठरी में बैठी रहती तो कभी ऊपर छत पर जा बैठती, जहाँ से मैं दूर-दूर तक फैले हुए खेतों को, खेतों के पास से बहनेवाली छोटी नहर को देख सकती थी। वह नहर बड़ी बनायी जा रही थी और वहाँ सैकड़ों आदमी काम करते दिखायी देते थे। वहाँ से मैं उस सड़क को भी देख सकती थी, जो उस नहर के ऊपर से होकर मेरे घर के आगे से जानेवाली थी।

हमारा यह विशाल और पुराना देश अब आजाद हो गया है न? आजादी के बाद चारों ओर एक नया जीवन उमड़ता आ रहा है। उमड़ते हुए इस नये जीवन के गर्त में अभी बहुत-सी व्यथाएँ भरी हुई हैं। पहले जैसे जुल्म अब नहीं हैं, लेकिन उनके स्थान पर बहुत-से नये जुल्म पैदा हो गये हैं। ऐसा हुआ ही करता है। भविष्य जब जन्म लेता है तो पीर उठती ही है। संतान को जन्मते समय माँ भी असह्य पीड़ा को सहती है। मैं उस पीड़ा को नहीं पहचानती, लेकिन जिन्होंने उस पीड़ा को सहा है, उनको मैंने बहुत पास से देखा है। इसलिए क्या हमारा यह फर्ज नहीं है कि हम भी उस पीड़ा को सह लें और उसी तरह मैं भी किसी से गिला-शिकवा किये बिना इस पीड़ा को सहती रहूँ?

लेकिन जो पीड़ा मैं सह रही हूँ, वह क्या किसी उज्ज्वल भविष्य की सूचक है? जब मेरी लालटेन की लौ अन्तिम बार टिमटिमा रही है, तब मुझे ऐसा लगता है कि आदमी ने अपने को फुसलाने के लिए स्वयं ही बहुत-से भ्रम अपने चारों ओर फैला लिये हैं। हाँ, मैं इतना कह सकती हूँ कि इस घोर पीड़ा और यातना में भी मैं तुमसे घृणा नहीं कर पायी। बल्कि उस छत पर बैठकर और उस नये संसार को जन्म लेते हुए देखकर मेरे मन में बार-बार यही उठा कि मैं भी उनमें जाकर अपने को खो दूँ। क्या तुम विश्वास करोगे कि मैंने एक दिन ऐसा ही किया? मैं जो पिछले बीस वर्षों में मकड़ी के जाले की तरह अपने बनाए हुए ताने-बाने में उलझती रही थी, उस सबको मैंने एक

क्षण में तोड़-फोड़ डाला और नहर के किनारे पड़े हुए मजदूरों के उस कैम्प में जा पहुँची।

वहाँ सबसे पहले मेरी जिस व्यक्ति से भेंट हुई, वह अधेड़ उम्र का मेट था, लेकिन उसके खुरदरेपन में एक अजीब-सा आकर्षण था। उसने मुझे देखकर पूछा, "किससे मिलना है?"

मैंने सहसा उत्तर दिया, "तुमसे ही समझ लो।"

उसे जैसे विश्वास नहीं आया। बोला, "मुझसे? मैं तो तुमको जानता ही नहीं।"

मैंने कहा, "बात करने के लिए क्या जानना जरूरी है?"

उसका आश्चर्य शायद और भी बढ़ गया। बोला, "मैं तुम्हारी बात समझा नहीं!"

मैंने उत्तर दिया, "मैंने अपनी बात अभी कही ही कहाँ है? मुझे कुछ काम दे सकते हो?"

उसने मुझे ऊपर से नीचे तक देखा, फिर बोला, "क्या काम करोगी? अभी केवल ईंट और मिट्टी ढोने का काम है। कर सकोगी?"

मैं बोली, "क्यों नहीं कर सकूँगी? सामने इसी गाँव में रहती हूँ। मिट्टी भी ढो सकती हूँ, चक्की भी पीस सकती हूँ और तुम चाहो तो तुम लोगों का खाना भी बना सकती हूँ।"

वह कुछ सोच में पड़ गया। फिर बोला, "अच्छी बात है, तुम कल सवेरे से ही काम पर आ सकती हो।"

उसके बाद की बात क्या बताऊँ! गाँव-भर में यह अपवाद फैल गया कि रामो मजदूरी करने लगी है। मजदूरी तो मैं अब तक भी करती आ रही थी, लेकिन बड़े घर के कुलीन लोगों की। अब उनकी मजदूरी करने जा रही थी जो स्वयं मजदूर थे। अब उनके बीच में रहने जा रही थी जो रहने के नियम-कायदे नहीं जानते थे। क्या इन सब बातों के पीछे यह तथ्य नहीं था कि अब तक मैं एक व्यक्ति थी और अब सार्वजनिक बनने जा रही थी? वह भी वहाँ जहाँ जीवन की निचली गहराइयाँ मुँहबाए निगल जाने को आतुर रहती हैं? मैंने बहुत कुछ देखा और सहा था। गाँवों में जहालत देखी। अभाव में

पिसते, खंडहरों में जीवन बिताते, घास-फूस से पेट भरते इनसानों को देखा था; लेकिन अब यह भी देखने जा रही थी कि किस तरह खुले आकाश के नीचे फूस की झोंपड़ियों में, पुआल के ऊपर लोग अपने घर से दूर हँसते-खिलखिलाते मेहनत-मजदूरी करके जीवन बिता देते हैं। दिन-भर बोझा ढोते हैं, मिट्टी खोदत हैं, शरीर को काट देनेवाले शीत में, धरती माता के गर्भ से निकलनेवाले पानी में खड़े रहकर भी निरन्तर फावड़ा चलाते रहते हैं। कोई शिकवा-शिकायत नहीं, बहुत थकान हुई तो गीत गा लिये, अबे-तबे, माँ-बहन की गालियाँ देकर गरमी पैदा कर ली। ठर्रा मिल गया तो मानो जन्नत मिल गयी, नहीं तो ठेकेदार या उसके मुंशी के साथ कुछ कहा-सुनी कर ली, फिर खुशामद कर ली। कैसे स्वदेश साधन हैं ये, कैसी जहालत है, लेकिन कैसी मुक्तता! कहीं परदा नहीं, झिझक नहीं, मानो मुक्तभाव से जो कुछ आया, उसे सह लिया, झेल लिया, फेंक दिया और फिर रीते होकर अपने को काम में उलझा लिया।

मैं स्वीकार करूँगी कि एकाएक यह वातावरण मुझे अच्छा नहीं लगा। उनको इस प्रकार खटते देखकर मुझे पीड़ा हुई थी और क्रोध आया था सम्पन्न लोगों पर, जिनमें अब दीपू भी था। मैंने शायद अभी तक यह नहीं बताया कि दीपू भी अब ठेकेदारी करने लगा था। यदि मैंने उसका प्रस्ताव स्वीकार कर लिया होता तो आज मैं ठेकेदारनी बनकर रानी की तरह रहती होती। सब प्रकार की चिंताओं से मुक्त कभी इस नहर पर आकर इन मजदूरों की अवस्था पर आँसू बहाती, कभी उनकी सुस्ती देखकर कोसती, कभी उनके आलस्य पर उफन उठती। लेकिन भाग्य का लिखा कभी क्या कोई मिटा सका है? दो परित्यक्ताओं के जीवन में कितना बड़ा अन्तर विधि ने डाल दिया था! लेकिन मुझे इस बात का तनिक भी दुख नहीं था, बल्कि कुछ ही दिन बाद मुझे उस काम में बड़ा रस आने लगा। मैंने मिट्टी भी उठायी, क्योंकि मैं अनुभव करना चाहती थी कि दिन-भर मिट्टी ढोनेवाली नारियाँ, जो हारी-बीमारी की चिन्ता नहीं करतीं, जो अपने घायल पैरों की ओर देखतीं भी नहीं, जो चादर में मुँह लपेटे, सिर पर

मिट्टी की टोकरी धरे, धीरे-धीरे गुनगुनाते हुए, पुरुष को मुसकराते देखकर मुसकराती हुई बड़ी तेजी से आतीं-जातीं, वे सब कैसा अनुभव करती हैं। सच कहती हूँ, दो-तीन दिन बाद मुझे उस काम में रस आने लगा। उस मेट ने, जिसका नाम दीनानाथ था, और जिसे सब लोग दीनू कहकर पुकारते थे, मुझसे कहा, "वैसे तो तुम्हारी इच्छा है, जो चाहो काम कर सकती हो, लेकिन तुम किसी ऊँचे कुल की जान पड़ती हो। तब क्या यह अच्छा नहीं होगा कि तुम हमारे खाने-पीने का इंतजाम करती रहो?"

मैंने उत्तर दिया, "यह सब तो मैं कर ही सकती हूँ, लेकिन कभी-कभी मुझे मिट्टी ढोना अच्छा लगता है।"

गाँव से केवल चार फर्लांग का फासला था। मैं बहुत सवेरे उनके लिए चाय बनाकर ले जाती और फिर कुछ देर काम करके लौट आती। उसके बाद दोपहर को खाने-पीने का दौर चलता। मेरा वह घर जिसमें कभी सन्नाटा गहराता रहता, मेरी वह कोठरी जिसमें मैंने तुम्हारे साथ रहने के सपने देखे थे, जिसमें मैंने दीपू के भाई के प्रेम की याचना सुनी थी, जिसमें मैंने उन साधुओं के साथ भाग जाने की योजना बनायी थी, जिसमें मैंने न जाने कितने और खेल खेले थे, अब उन मजदूरों और उनके मेट का क्रीड़ास्थल बन गयी थी। मैं सच कहती हूँ कि उनमें कई लोग थे, जिनका मैं आदर करती थी और जिनके जीवन से मैंने बहुत कुछ सीखा था। उनमें बहुत-से विवाहित थे और सैकड़ों मील दूर उनकी पत्नियाँ अपने बच्चों को लिये उनकी राह देखा करती थीं। मैंने कभी-कभी उनके साथ अपनी तुलना की है। क्या मैं भी यह कह सकती हूँ कि मेरा पति भी मुझसे सैकड़ों मील दूर मेरे लिए सम्पत्ति इकट्ठा कर रहा है? काश, मैं ऐसा कह पाती! काश, इन पिछले बीस-इक्कीस वर्षों में मेरा पति मुझसे मिलने आया होता! उफ, तब मैं कितनी हीन हो उठती थी! उन विराट् प्रतिमाओं के सामने मेरा अस्तित्व समुद्र में एक बूँद की तरह मालूम होने लगता था। तब मैं कसक उठती थी। और...

नहीं, मैं आज कुछ नहीं छिपाऊँगी। साहस करके सब कुछ

कह देना ही होगा। तब मुझे ऐसा लगता था कि मेरा पति एक महान् लेखक न होकर एक साधारण मजदूर होता। मैंने पढ़ा, तुम्हारा वह उपन्यास, जिसमें तुमने मजदूर-जीवन का नग्न चित्र खींचा है, उनकी पीड़ा और वेदना को साकार किया है। आश्चर्य होता है कि तुमने यह सब कहाँ और कैसे देखा! घुमक्कड़ हो, शायद तुम इन लोगों के बीच जाकर रहे होगे। लेकिन एक शिकायत मैं तुमसे करूँगी कि तुमने इनके उल्लास का पूरी तरह से अनुभव नहीं किया, क्योंकि शायद तुम उनके साथ एकाकार नहीं हो सके। तुमने कई शादियाँ की हैं। काश, तुम किसी मजदूरिनी से शादी कर पाते!

मैं क्या लिख गयी! अनजाने में ही मैं अपनी कहानी की भूमिका बनाती जा रही हूँ। हाँ! मैं तुम्हें ऐसी कहानी बताने जा रही हूँ जिस पर तुम्हें विश्वास नहीं होगा। मुझे भी नहीं हुआ था। परन्तु आज जब मेरे उस जीवन की अन्तिम घड़ी पास आ रही है, वर्तमान से नाता टूटनेवाला ही है, तब मैं तुम्हें सबकुछ क्यों न बता दूँ?

मैं नारी हूँ। उस दल में भी कुछ नारियाँ थीं, लेकिन बहुत थोड़ी। उन सबके पति उनके साथ नहीं थे। उनमें अविवाहिता भी थीं, विधवा भी थीं, लेकिन उनके जीवन में ये सीमाएँ कोई अर्थ ही नहीं रखतीं। वे मुक्त होकर आपस में मिलती थीं। जब मैं इस कैम्प में आयी तो मैंने पाया कि झुनिया विधवा है। लेकिन वह महीना बीतते न बीतते उस दल के एक मजदूर कन्हाई से उसकी शादी हो गयी। और उस रात जो जश्न मनाया गया उसकी कल्पना भी शायद तुम नहीं कर पाओगे। अपने इस पापी मन की क्या बता कहूँ! जैसे युग-युग की संचित वेदना ने मेरे मन को जकड़ दिया था और मैं बहुत दूर भाग जाना चाहती थी। मैं बार-बार हँसने की कोशिश करती थी, लेकिन होता यह था कि मेरे आँसू उमड़ आते थे। मैंने उनमें से किसी को भी अपनी ओर आने का बढ़ावा नहीं दिया। मैं जानती हूँ कि वह मेट कभी-कभी मेरी ओर एक विचित्र-सी प्यासी दृष्टि से घूरा करता था। उसने कई बार मुझसे बातें भी करनी चाहीं। वह मेरी सारी कहानी सुन चुका था। छोटे-से गाँव में परदा नहीं रह सकता। शायद

वह कहानी जानकर ही मेरे प्रति उसका आकर्षण बढ़ गया था। उस रात के बाद, वह और भी सदय हो उठा था। शायद उसने मेरे आँसू देख लिये थे।....

उस दिन के बाद, वह मेरे पास आने की कोशिश करता, लेकिन अपने जीवन में वह जितना मुक्त था, मेरे पास आकर वह उतना ही उलझ जाता था। वह एक बार भी मुझसे मेरे पति की बात नहीं कर सका। शुरू-शुरू में, मैं खिंची-खिंची-सी रहती थी, लेकिन न जाने किस अनजाने क्षण से मैं उसकी ओर देखकर मुसकराने लगी। खेत के बीच में से होकर चलने से पगडंडी बन जाती है और फिर अपने आप ही वह संकीर्ण पगडण्डी एक स्थायी मार्ग का रूप ग्रहण कर लेती है। मेरे और उसके बीच में भी बातचीत का एक स्थायी मार्ग तैयार हो गया। आखिर वह पुरुष था और मैं थी नारी। संसार में इतना ही तो सत्य है। शेष सब तो आवरण-मात्र है। लेकिन इस होने का जो परिणाम हो सकता है, उसने हमारी स्थिति की चिंता नहीं की। हम दोनों में एक गहरी घनिष्ठता पैदा हो गयी और फिर वह घनिष्ठता उस छोटे-से गाँव में घर-घर और व्यक्ति-व्यक्ति की चर्चा का विषय बन गयी।

मेरी पड़ोसिनें, देवरानियाँ और ननदें, सभी धीरे-धीरे मुझसे दूर हट गयीं। बस पास रह गयी थी वही एक मुँहबोली देवरानी, जो अकसर मेरे पास आती थी और इस बात का प्रयत्न करती थी कि मैं मजदूरों के मुँह न लगूँ। बड़े घर की माताजी अब मुझसे मुँह छिपाने लगी थीं। मैंने भी उन्हें संकट में डालने का प्रयत्न नहीं किया। उनके घर की ओर जाकर झाँका तक भी नहीं।

क्यों मैं तुम्हें विश्वास दिलाऊँ कि मैं उस क्षण तक तुम्हें और केवल तुम्हें ही प्यार करती थी? मैं तब भी अपने को तुम्हारी ही पत्नी समझती थी? मानती थी, मेरी आत्मा पर तुम्हारा ही अधिकार है। शरीर की बात तो तुम स्वीकार करते ही नहीं। इसलिए मैं सब कुछ अस्वीकार करती चली गयी। इसलिए दीनू को भी मैंनें उस देहरी को पार नहीं करने दिया, जिसको पार करने का अधिकार केवल तुम्हीं को था।

वे सब मुझे कितना प्यार करते थे! तुमने किया कभी मुझे प्यार? क्या मैं उस घटना को, जो स्टेशन पर घटी थी, तुम्हारे प्यार का प्रतीक मान लूँ? तुम्हारी जेब में जो कुछ था, वह सब तुम मुझे दे गये थे। लेकिन प्यार क्या जेब की वस्तु से होती है? अपनी आत्मा का एक अंश भी तुमने मुझे दिया होता, तो मैं तृप्त हो जाती। जानते हो, जो पैसे बच गये थे उनका मैंने क्या किया? तुम तो कलाकार हो, सोचा होगा कि मैं उन पैसों से अपना पेट ही भरूँगी। पर नहीं, कुछ दिन उनका तावीज बनाकर पहने रही, फिर मैंने दीपू से प्रार्थना करके तुम्हारे लिए बहुत सुन्दर-सा उपहार, एक बहुत सुन्दर हाथ-घड़ी खरीदी थी। मैं उस अवसर की टोह में थी कि उसे तुम्हें भेट कर सकूँ। याद दिला सकूँ कि समय बीतता जाता है।

एक दिन वह अवसर आ गया। तुम्हें उस अवसर की खूब अच्छी तरह याद होगी, क्योंकि वह घड़ी शायद अब भी तुम्हारे पास हो। तुम्हें अब स्पष्ट हो जाएगा कि वह घड़ी कैसे तुम्हारे पास पहुँची। लेकिन इससे पहले मेरे जीवन में इतना कुछ हो गया था कि मुझे लगता है कि उसे कहे बिना मुक्ति नहीं मिलेगी।

उस दिन जब खाने-पीने से निपटकर बैठी थी और सब लोग काम पर चले गये थे, तब दीनू कुछ कहने के लिए रुक गया। उसकी आँखों को देखकर मैं जान गयी थी कि वह क्या कहनेवाला है। मुझे उसकी बातें अच्छी लगने लगी थीं। वह धीरे-धीरे मेरे पास आया। कहा, "तुम कितनी मेहनत करती हो, तुमने हमारे जीवन में कितना रस उँड़ेला है! न जाने कहाँ से आकर तुम हमारे लिए भगवान् का वरदान बन गयी हो!"

मैं एकाएक बड़ी जोर से हँस पड़ी, "तुम भी क्या लेखक हो?"

वह कुछ झिझका और तभी दरवाजे से पोस्टमैन ने एक चिट्ठी फेंकी, "चिट्ठी लेना जी!"

एक साथ हम दोनों की दृष्टि उस चिट्ठी पर गयी। मैं उन अक्षरों को पहचानती थी। वह मनोज की माँ की चिट्ठी थी। उस एक क्षण में मेरे हृदय में नाना प्रकार के भाव उठे। एक तीव्र घृणा ने मुझे

जकड़ लिया। और जैसे किसी का सिर काट रही हूँ, उस लिफाफे को फाड़कर उसमें से चिट्ठी निकाल ली, और एक साथ उपेक्षा और उत्सुकता से उसे पढ़ना शुरू कर दिया—

जीजी,

मैं जानती हूँ कि मेरे अक्षर पहचानकर तुम घृणा से भर उठोगी। लेकिन फिर भी पत्र लिख रही हूँ, क्योंकि मैं जानती हूँ कि घृणा करके भी तुम इस पत्र को पढ़ोगी अवश्य। मैंने तुम्हारी सम्पत्ति पर एक बार नहीं दो-दो बार डाका डाला है। तुम्हारे दीपू को तुमसे छीनकर मैंने पहली बार ही तुम्हारे साथ अन्याय नहीं किया, बल्कि उससे पहले भी एक बार तुम्हारी उस सम्पत्ति को छीनने का प्रयत्न मैंने किया था, जिसकी याद में तुम आज भी आँसू बहा रही हो।

मैं सच कह रही हूँ और यह सच कहने का अवसर क्यों आया, इसका भी एक कारण है। तुमसे पहले इस सच की स्वीकृति मैंने उनके सामने की है। मैं समझती थी कि वे मुझे प्यार करते हैं और प्यार सच्चाई को देख लेता है। वह शरीर की भाषा नहीं है, चेतन की भाषा है। लेकिन यह एक बहुत बड़ा भ्रम था, क्योंकि मैंने स्पष्ट अनुभव किया है कि वह अज्ञात पीड़ा से कराह उठे थे। और आज जब इस घटना को कई दिन बीत गये हैं, वे मुझसे बहुत दूर हो गये हैं, मैं जानती हूँ कि इस दूरी का क्या परिणाम हो सकता है। दरार को भी बंद नहीं किया जा सकता। विशेषकर दिल में पड़ जानेवाली दरार को। तुम सोचोगी कि आखिर यह बात क्या है। तुम्हें तो मनोज से बहुत प्यार रहा है। कई बार कहा है, 'न जाने मनोज को देखकर मेरे अन्तर में इतना खिंचाव क्यों पैदा हो जाता है! मैं क्यों उसके और अपने बीच में एक अज्ञात आकर्षण का अनुभव करती हूँ!'

मैं यह बात सुनती तो मेरा दिल थरथरा उठता था, क्योंकि मैं जानती थी कि तुम सच बोल रही हो, और वह सच स्फटिक के समान तुम्हारे हृदय में से उत्पन्न हुआ है। निश्चय ही तुम अपने पति को,

जिसको तुमने कुछ क्षण के लिए देखा होगा, बहुत प्यार करती हो।

जीजी, मनोज तुम्हारे उन्हीं महान् साहित्यकार का पुत्र है, जिसके नाम पर तुम आज भी सौभाग्यवती हो। यह एक ऐसा सत्य है जिसके लिए प्रमाण की आवश्यकता नहीं। मेरी उनके साथ शादी नहीं हुई, लेकिन एक महान् लेखक के रूप में मैंने उनको पहचाना और मैं ही उनके पास गयी।

कैसे हुआ, क्या हुआ, यह सब चर्चा व्यर्थ है। मनुष्य दुर्बल है। मैं उन्हें दोष नहीं दूँगी। मुझसे उन्होंने विवाह करने का प्रस्ताव किया था। मैं ही साहस न कर सकी। 'मैं' से मेरा अर्थ केवल मुझसे ही नहीं, इसमें मेरा परिवार, मेरी जाति, और सबसे ऊपर संस्कार बोध सम्मिलित हैं। मेरे विवाह की बात कहीं और चल रही थी और मैं इतनी दूर पहुँच चुकी थी कि वापस लौटना सम्भव न हो सका। मैं किसी दूसरे की हो गयी। मैंने उनसे कुछ नहीं कहा। बहुत बार साहस बटोरने की चेष्टा की, लेकिन कर नहीं पायी। काश, पहले दिन ही यह सत्य उन तक पहुँच सकता!

लेकिन जो पहले दिन नहीं हो सका, वह एक दिन होकर ही रहा! विवाह को सात महीने भी न बीते थे कि मनोज का जन्म हुआ। वह पूर्ण स्वस्थ था। इसी बात को लेकर धीरे-धीरे कानाफूसी शुरू हुई और शीघ्र ही हमारे चारों ओर का वातावरण कड़वा हो उठा। अंततः उन्होंने मुझसे पूछा और मैं उस दिन अपने को रोक न सकी। उस नवजात शिशु को उस दिन उनके चरणों पर डाल दिया और फफक-फफककर रो उठी। उनके अन्तर में न जाने क्या था। ऊपर से वे मुसकराए, केवल इतना ही कहा, 'भावना की ये बातें व्यर्थ हैं। जो नहीं हो सकता, वह नहीं हो सकता। अच्छा यही है कि हम दोनों रजामन्दी से अलग हो जायें।

अन्त तक वे उसी बात पर दृढ़ रहे। पहले तो मैं बहुत रोई, प्रार्थना की, लेकिन धीरे-धीरे एक अजाना-सा हर्ष मुझे दृढ़ करता रहा। अपराध मेरा था। अपराध की उस स्वीकृत ने मुझे शक्ति दी। एक दिन मैंने आँसू पोंछ डाले। कहा, 'ठीक है, चली जाऊँगी।'

तब तक उस महान् साहित्यकार की शादी हो चुकी थी। मेरे पति ने कहा, 'मैं सब बातें उन्हें लिख दूँ। उनसे फैसला करवाने के लिए वह पूरा प्रयत्न करेंगे।'

मैंने उनके चरण छूकर अन्तिम बार प्रार्थना की, 'यदि तुम्हें मुझसे जरा भी सुख मिला हो तो अब इस बात की चर्चा किसी और से कभी न करना।'

उन्होंने आश्चर्य से मेरी ओर देखा। आँखें भीग आयीं। धीरे-धीरे बोले, 'काश मैं अपने मन को समझा पाता! लेकिन ऐसा सम्भव नहीं है। और मैं यह नहीं चाहता कि हम दोनों का जीवन वेदना की इस काली छाया से कलुषित होता रहे। फिर भी विश्वास दिलाता हूँ कि इस एक बात को छोड़कर और जैसे भी सम्भव होगा, मैं तुम्हारी सहायता करने का प्रयत्न करूँगा।'

जिस दिन मैंने उनका घर छोड़ा उस दिन वे कहीं चले गये थे। जानती थी क्यों गये हैं। बहुत सम्पन्न व्यक्ति नहीं थे। फिर भी अपने सारे सामान के अलावा पाँच सौ रुपए उन्होंने मेरे लिए छोड़ दिये थे। एक बार तो मन में उठा कि सब कुछ को छोड़कर चली जाऊँ। लेकिन हुआ इसके बिलकुल विपरीत। मेरे सामने एक महाशून्य के अतिरिक्त और कुछ था भी तो नहीं। उस शून्य को भरने के लिए कुछ तो चाहिए ही था। माता-पिता सहित नातेदारों के मेरे उस विराट् परिवार में केवल मेरी एक दूर की बहन ही ऐसी थी, जिसने मुझसे घृणा नहीं की। बहन से अधिक मैं उसे सहेली के रूप में पहचानती थी। उसी की छत के नीचे मैंने नये जीवन की दीक्षा ली, और अपने को विधवा मानकर इधर-उधर नौकरी की तलाश करने लगी।

लेकिन ये सब बातें मैं तुमसे क्यों कहूँ? नौकरी मिली और फिर छूट गयी। यह सब तुम्हारे सामने ही तो हुआ। तुम्हारे सामने ही मैंने तुम्हारी संपत्ति पर डाका डाला। अब वह सम्पत्ति भी मेरे हाथ में आकर खिसकती जा रही है। मैं फिर तुम्हारी शरण में आयी हूँ। मैं नहीं जानती कि यह सब क्यों हुआ। लेकिन मुझे विश्वास है कि दीपू अब भी तुम्हारी बात नहीं उलट सकता।

जीजी, तुम्हारी अनुभूति इतनी तीव्र है कि उसे जगाने के लिए शब्दों की जरूरत नहीं।

तुम्हारी कृपाभिलाषिणी
यशोदा

यह पत्र पढ़कर मेरी वह कोठरी एक बार फिर बोझिल हो उठी। दम घुटने लगा। मैं कुछ भी समझ सकने में असमर्थ थी। एकाएक दीनू ने मेरी ओर देखा और कहा, "क्या बात है, तुम इस तरह काँप क्यों रही हो?"

न जाने क्या हुआ, मैं और भी तेजी से काँपी। वह पत्र मेरे हाथ से गिर पड़ा और मैंने बड़े जोर से खिड़की को पकड़ लिया। पसीने की बूँदें मेरे माथे पर चमक आयीं। दीनू और भी घबरा उठा। लेकिन मैंने मुसकराकर कहा, "घबराने की कोई बात नहीं, तुम जाओ, मैं आज नहीं जा सकूँगी।"

उसने फिर मेरी ओर देखा। मैंने उसी तरह दृढ़ता से कहा, "जाओ!"

वह चला गया। और यह अच्छा ही हुआ। जैसा मेरा खयाल था, उसके जाने के पाँच मिनट बाद ही मैंने दीपू की चिरपरिचित पग-ध्वनि सुनी। मैं उसका इंतजार कर रही थी। वह दीपू ही था। उसके चेहरे पर वेदना के लक्षण स्पष्ट थे। फिर भी उसका रूप निखर आया था। वह शहरी पोशाक में बहुत सुन्दर लग रहा था। क्षण के सहस्रवें भाग में मेरे मन में एक विचार कौंधा, यह दीपू मेरा हो सकता था और चाहूँ तो आज भी हो सकता है। लेकिन दूसरे ही क्षण मैंने जोर से अपनी गरदन को झटका दिया और मुसकराते हुए बोली, "आज किधर रास्ता भूल गये, दीपू?"

दीपू चुपचाप आकर देहरी पर बैठ गया। वह कई क्षण तक मेरी ओर देखता रहा।

फिर उसने जेब से अखबार निकाला और मेरे हाथों में थमा दिया। बोला, "अपने को इस तरह तिल-तिल करके क्यों मिटा रही

हो? चलो इस बार मैं तुम्हें लेकर चलूँगा।"

मैंने अखबार खोलते हुए कहा, "कहाँ ले चलोगे?"

तभी मेरी दृष्टि अखबार के प्रथम पृष्ठ पर गयी। आँखों में तिरमिरारे-से उठे और मेरे सामने तुम जैसे साकार आ खड़े हुए हो। वह तुम्हारा ही चित्र था। बहुत बड़ा चित्र। उसके नीचे लिखा था—'भारत के अप्रतिम शिल्पी और दार्शनिक, अमीयकुमार दास, जिनका जन्मोत्सव 21 तारीख को बड़े पैमाने पर मनाया जाएगा। इस बार की विशेषता यह है कि श्रीदास को न केवल साहित्य का सर्वश्रेष्ठ पुरस्कार मिला है, बल्कि विश्वविद्यालय ने उन्हें डॉक्टर की मानद् उपाधि देकर भी सम्मानित किया है। विदेशों में उनके अनेक ग्रन्थों का अनुवाद हो चुका है। वे अन्तर्राष्ट्रीय ख्याति के विद्वान् हैं। शीघ्र ही वे एक लम्बी यात्रा पर बाहर जानेवाले हैं।...

पढ़कर मेरी क्या दशा हुई, हर्ष के मारे आँखों में आँसू भर आये। हृदय ऐसे उल्लास से भर उठा जिसकी परिणति सम्पूर्ण विसर्जन में ही थी। मेरी प्रबल इच्छा हुई कि मैं तुम्हारे उस चित्र को चूम लूँ और चूमती ही रहूँ, चूमती ही रहूँ। लेकिन...

अब उस लेकिन की बात क्या बताऊँ? मुझे स्वयं आश्चर्य होता है कि मैं अब तक जीवित कैसे रह पायी। शायद इसीलिए कि मेरे सुख और दुख, हर्ष और विषाद का पलड़ा नीचे-ऊपर होता रहता था। किसी एक की चरम सीमा पर मैं कभी नहीं पहुँच पायी। मैं दीपू को लेकर दुखी थी, तो तुम्हारे सम्मान को लेकर सुखी भी थी। इसीलिए मेरा हृदय विदीर्ण होने से रह गया। मुझे ऐसा अनुभव हुआ कि जैसे तुम मुझे अपने पास बुला लोगे। मेरी सारी उलझन दूर हो गयी। मैंने निश्चय कर लिया कि मुझे क्या करना है। मैंने कहा, "मैं चलूँगी दीपू।"

दीपू उठ खड़ा हुआ, "आज ही चलना है।"

"हाँ, आज ही चलूँगी।"

दीपू झिझका, "लेकिन..."

मैं जैसे काँपी, "लेकिन क्या?...दीपू, मैं जानती हूँ तुम मुझे प्यार करते हो। तुम शायद विश्वास न करोगे, मैं भी तुम्हें प्यार करती

हूँ और उसी प्यार का वास्ता देकर मैं तुमसे एक बात कहती हूँ। तुम यशोदा को धोखा मत देना। उसने जो कुछ किया, वह विवश थी।"

दीपू जैसे खड़ा था वैसे ही खड़ा रह गया। युगों जितने एक क्षण के बाद बोला, "तो तुम्हें पता लग गया है!"

मैं बोली, "सब कुछ जानकर ही तो तुमसे कहती हूँ कि..."

वह एकाएक बोल उठा, "रहने दो भाभी, मैंने तुम्हारे साथ कम अन्याय नहीं किया है। अब ऐसा अवसर न आने दो कि मैं तुम्हारी बात न मान सकूँ। मैं तुमसे छिपाऊँगा नहीं। मेरा मन बहुत दुखी है। फिर भी विश्वास रखो।..."

मैंने उसे टोकते हुए उत्तर दिया, "बस, इतना ही काफी है। आगे इसकी चर्चा नहीं करूँगी। बुरा न मानो तो केवल एक बात कहूँगी। और वह यही है कि यदि मनोज एक क्षण के लिए भी तुम्हारे पथ की बाधा बने तो मेरे पास भेज देना।"

दीपू तत्परता से बोला, "नहीं, यह कभी नहीं होगा। मैंने चाहे जितने भी बुरे काम किये हों, लेकिन मैं माँ को उसके बच्चे से अलग नहीं करूँगा।"

तब मैं कितनी खुश हुई थी! बहुत दिनों से सहेजकर रखी हुई उस घड़ी को निकालकर मैंने दीपू को दिया और कहा, "सुनो, उनके सम्मान में जो उत्सव हो रहा है उसमें तुम जाना और मेरी ओर से ये भेंट उन्हें दे आना। लेकिन मेरे बारे में कुछ न कहना। केवल एक चिट इसके साथ लगा देना, 'एक परिचिता की ओर से'।"

दीपू हकबकाकर मेरी ओर देखने लगा, "तुम नहीं चलोगी?"

"नहीं, मैं नहीं चलूँगी।"

वे शब्द मैंने इतनी दृढ़ता से कहे थे कि मैं स्वयं चकित हो उठी थी। और दीपू साहस नहीं कर सका था कि वह मुझसे कुछ कहता। वह जैसे आया था वैसे ही चला गया। उसके जाने के बाद मैंने उस चित्र को खोलकर अपने सामने रख लिया। लगा जैसे तुम मेरे पास हो—इतने पास कि मैं तुम्हारी साँसों की आवाज को सुन रही हूँ, तुम्हारे नेत्रों का प्रकाश मेरे अन्तर को बेधता चला जा रहा है,

तुम्हारी सुमधुर वाणी वक्ष में मधु का सागर लहरा रही है।

यकायक न जाने क्या हुआ, मैं उस चित्र पर गिर पड़ी और फूट-फूटकर रोने लगी। तब तक रोती रही जब तक कि वह चित्र मेरे आँसुओं से गल नहीं गया और वे उस कोठरी के उस ठण्डे फर्श में समा नहीं गये। उसके बाद छूट गया वह सब खेल, पीछे रह गये वे मजदूर, उनका वह भोलाभाला मेट। अब मैं थी और थी मेरी कोठरी। तीन महीने बाद मेरी उस वाचाल देवरानी ने आकर कहा, "जीजी, तपस्या काफी कठोर है। इस तरह तिल-तिलकर मिटने से तो एक बार मुक्ति मिल जाये तो अच्छा है।"

काश वह मुक्ति मिल पाती!

अब मुझे कुछ नहीं लिखना। लालटेन का तेल चुकता जा रहा है और मुझमें इतना साहस नहीं है कि उसमें और तेल डाल सकूँ, बहुत सपने देखे, बहुत साहस किया। लेकिन उस सबका अन्त धुएँ की तरह सारे वातावरण को कड़वा करके रह गया। धुआँ तो धूपबत्ती का भी होता है जो धीरे-धीरे चारों ओर फैलता है और वातावरण को एक सुगन्ध से भर देता है। एक धुआँ सिगरेट का भी होता है जो धुआँ उड़ानेवाले के हृदय को दग्ध करता हुआ उसके चारों ओर के वातावरण को दुर्गंध से भर देता है। धुआँ भीमकाय शक्तिशाली इंजनों का भी होता है जो क्षणिक दुर्गंध के साथ भविष्य को स्वर्णिम बनाता रहता है।

लेकिन मैं धुएँ के चक्रव्यूह में क्यों फँसूँ? हर धुएँ के साथ दोनों पक्ष जुड़े हुए हैं। यह मेरी बत्ती का धुआँ है जो काला ही काला कर रहा है। लेकिन एक कड़वे तेल का भी तो धुआँ होता है जो रूपसी के नयनों का शृंगार होता है। पर मैं किसी का शृंगार नहीं बन सकी। मैंने किसी के जीवन में कड़वाहट भी पैदा नहीं की। मैं स्वयं ही जली, और ऐसी जली कि धुआँ भी पैदा नहीं हो सका। कितनी बातें लिखूँ? आज मेरी लेखनी की नोक पर समुद्र की उन्मत्त उत्ताल तरंगों की तरह न जाने क्या-क्या उमड़ता आ रहा है।

दीपू पर बड़ा विश्वास था मुझे। लेकिन जिस दीपू पर था, वह तो जैसे अब मर चुका है। उसके स्थान पर रह गया उसका वह रूप

जो माया के पालने में बैठकर एक ऐसे चश्मे से देखता है जिसमें से वही दिखायी देता है, जो वह देखना चाहता है। मुझसे प्रतिज्ञा करके भी वह यशोदा को निभा न सका। और अन्त में उसने एक सम्पन्न परिवार में विवाह कर लिया। वह उसका अधिकार था। क्योंकि पिछले तीन-चार वर्षों में ठेकेदारी में उसने लाखों रुपया कमा लिया था। आजादी के बाद कुछ लोगों के लिए रुपया कमाना कितना आसान हो गया है! लेकिन वह बात मैं तुम्हें क्यों बताऊँ! मैं तो यशोदा की बात कर रही थी। एक दिन वह चुपचाप मनोज को लेकर कहीं चली गयी। कहाँ, मुझे नहीं मालूम। यही सोचती थी कि किसी दिन वह मुझे पत्र लिखेगी, कि किसी दिन दीपू फिर यहाँ आएगा। लेकिन जैसे-जैसे वह नहर हमारे गाँव से दूर होती चली गयी, तैसे-तैसे वह भी दूर, बहुत दूर होता गया। सुनती हूँ, एक बहुत बड़े बाँध पर वह काम कराता है। बहुत बड़ा ठकेदार है। गाँव से उसका कोई नाता नहीं। यों तो इन तीन-चार वर्षों में यह गाँव भी पुराना गाँव नहीं रहा। नहर में पानी आने ही वाला है। कहीं-कहीं तो आ भी चुका है। दोनों ओर पक्की सड़क बन गयी है। गाँव में भी अनेक पक्के घर दिखायी देते हैं। पंचों का चुनाव बहुत जोर शोर से होता है। सिर तक फूट जाते हैं, दुश्मनी तो साधारण बात है। लड़कों का हाईस्कूल है, लड़कियों का भी है। कई प्रकार के व्यक्ति आ-आकर यहाँ कई प्रकार के आश्रम चलाते हैं, और पैसा कमाते हैं। अर्जन की इस विद्या में सभी निष्णात हैं...

प्रगति होनी थी, हो रही है। मैं भी प्रगति के मार्ग पर चल रही हूँ। लेकिन यह ऐसी प्रगति है जिसका अन्त महामृत्यु में ही है। शायद यह महामृत्यु बहुत शीघ्र आ जाती, लेकिन तभी मेरे जीवन में वह घड़ी आ पहुँची जिसकी मैं शायद युगों से प्रतीक्षा कर रही थी। काश वह घड़ी न आती!

बहुत दिनों से मैं अपने घर में अकेली पड़ी रहती थी। खाने-पीने के भी लाले पड़ रहे थे। चालीस वर्ष की आयु में ऐसी लगती थी जैसे अस्सी वर्ष की वृद्धा होऊँ। गाँववालों को भी मुझमें

कोई रुचि नहीं रह गयी थी। क्योंकि अब गाँव फैल रहा था। बस वही एकमात्र मेरी देवरानी कभी-कभी मेरे पास आ जाती, वही मेरे जीने के साधन मुहैया करती और मुझे प्रेरणा देती। एक दिन की बात तुमसे क्या बताऊँ! ऐसा लगा जैसे मुर्दे के कानों में कोई जीवन का मंत्र फूँक रहा हो। लेकिन मैं मुर्दा नहीं हूँ। मेरे शरीर में अब भी चेतना शेष थी और उस चेतना ने मुझे बड़े जोर से झकझोर दिया। मैंने सुना, तुम उस गाँव में आनेवाले हो; तुम, जिसने तीस वर्ष पूर्व मेरा पाणिग्रहण किया था; तुम, जिसने मेरे सारे जीवन को एक विचित्र प्रकार की कड़वी-मीठी अनुभूतियों से भर दिया था; तुम, जिसने मुझ मूर्खा को मूर्ख कह-कहकर एकदम ज्ञानी बना दिया था। तुम्हारे आने का समाचार पाकर जैसे मैं पगाल हो उठी थी। तुम्हारे लिए मैंने न जाने कितने प्रलोभन ठुकराए, कितनी आशाएँ लिए बैठी रही! आशा की वह घड़ी एक बार फिर मेरे जीवन में आ रही थी।

उस दिन तुम ही तो आये थे। कैसे बताऊँ, मेरी प्रबल इच्छा हुई कि द्वार पर जाकर तुम्हारा स्वागत करूँ। लेकिन हुआ यह कि मैं चारपाई से उठ भी न पायी। घर को साज-सँवारना तो दूर की बात है। अच्छा ही हुआ, तुम सब कुछ अपनी आँखों से देख गये। तुम्हारे साथ बहुत-से व्यक्ति थे। चाहती थी कि मेरे कानों में तुम्हारी पग-ध्वनि पड़े। लेकिन उस भीड़ में यह सम्भव नहीं हुआ। क्या यह अद्भुत बात नहीं है कि तुम अपनी परिणीता को देखने आये थे और उस परिणीता ने अपने प्रियतम को शादी के तीस वर्ष बाद देखा था? वह भी आँसुओं के पीछे से? उस दिन स्टेशन पर तो मैं आँख भी न उठा सकी थी।...

तुमने कुर्ता-धोती पहन रखा था। तुम्हारा रंग कुछ-कुछ साँवला-सा था। शायद जीवन की कठिन यात्राओं ने तुम्हारे रंग को मन्द कर दिया था। तुम्हारा मुखमण्डल चौड़ा, तुम्हारे नेत्र दृढ़ता और स्नेह से भरे थे। मुझे बहुत अच्छा लगा। लेकिन यह सब तो निमिष-मात्र में हो गया। दुबारा दृष्टि उठाकर देख भी नहीं सकी। पता भी न चला कि कब वह घड़ी आयी और कब चली गयी। मेरी उस वाचाल

देवरानी ने ही सब कुछ बताया। बोली, "जितनी देर वे खड़े रहे, एकटक तुम्हारी ही ओर देखते रहे। फिर एक झटके के साथ बाहर चले गये। उन्होंने एक ही वाक्य कहा, 'मेरे कारण इस महिला का जीवन नष्ट हो गया।'"

इस एक वाक्य में ही जैसे तुमने सब कुछ कह दिया। घण्टों, दिनों, वर्षों मेरे पास बैठे रहकर भी तुम उतना न कह पाते जितना तुम एक वाक्य में कह गये। मेरे कारण तुम इतने दुखी हुए। मैं तुम्हारे बारे में कैसी-कैसी कल्पनाएँ करती रही हूँ, लेकिन एक क्षण के लिए तुमसे घृणा न कर सकी। उसका कारण यही तो था कि तुम बराबर मेरी इस अवस्था के लिए अपने अन्तर में कहीं न कहीं अपने को दोषी मानते रहे।

तुम चले गये। मेरे चारों ओर का अंधकार और भी घना हो आया। आज तक मैं अपने दुख से दुखी थी, लेकिन अब तो तुम्हारा दुख भी मेरी छाती पर सवार हो गया। तुम एक बड़ी कोठी में रहते हो। तुम्हारे पास स्त्री, बच्चे, सम्पदा, ऐश्वर्य सभी कुछ है। इन सबके बीच केवल मुझ ही को लेकर तुम दुखी हो। जानते हो कि मेरा जीवन व्यर्थ हो गया है और उस व्यर्थता के लिए तुम अपने को जिम्मेदार मानते हो। कैसा अनाचार है यह विधि का! क्या इससे मुक्ति नहीं मिल सकती, क्या मैं मर नहीं सकती...

मैं अब उन बातों के बारे में नहीं सोचूँगी। ज्वर के बेहोश रोगी की भाँति उस दिन मैंने बहुत कुछ सोचा और बहुत कुछ भुलाया। अगले दिन सवेरे भी जब मैं जागी तो एक ही वाक्य मेरे चारों ओर गूँज रहा था, 'मेरे कारण इस महिला का जीवन नष्ट हो गया।'

क्या हम सब एक-दूसरे के लिए निमित्त-मात्र ही हैं? यशोदा यही कहती थी, कहती थी तुम्हारे भीतर कहीं एक दानव बैठा है, जो दूसरों को परेशान करता रहता है। पर मैं सोचती हूँ, ऐसा होता तो तुम्हारे मुँह से मेरे लिए वे शब्द क्यों निकलते? उसके बाद, मेरी देवरानी मेरे पास आयी और मुसकराकर बोली, "जीजी, आदमी कैसा दुष्ट होता है! तुम्हें देखकर कल उन्होंने न जाने क्या-क्या कहा।

लेकिन क्या वे ऐसे ही हैं?"

मैंने पूछा, "तुम क्या समझती हो?"

वह बोली, "मैं तो समझती हूँ कि वह सब ढोंग था।"

मैं एकाएक चीख उठी, "तुम झूठ बोलती हो। तुम उन्हें नहीं जानतीं।"

मेरी देवरानी तनिक भी अप्रतिभ नहीं हुई। बड़े जोर से हँसी, "जीजी, तुम बड़ी भोली हो। न होतीं तो क्यों ठगी जातीं। खैर, अब तुम्हें यही समझना चाहिए।"

और फिर उसने मुझे शान्त करने की चेष्टा की। जानती हूँ यह सब वह जान-बूझकर ही कर रही थी। वह मुझे दुखी करना नहीं चाहती थी, लेकिन सब कुछ होकर भी क्या मैं इस बात को नहीं जानती थी कि मैं तुम्हारे जीवन की एक बाधा ही थी? मैंने जीवन-भर तुम्हें प्यार किया है और मेरे हृदय के किसी कोने में यह विश्वास भी जमा हुआ है कि तुम भी मुझसे घृणा नहीं करते। इतने ऐश्वर्य और सुख के बीच में रहकर भी तुम सुखी नहीं हो और मैं बेसहारा अतलस्पर्शी वेदना के सागर की उत्ताल तरंगों में भटकती हुई भी मर नहीं पा रही हूँ। मेरे आसपास बहुत-से आकर्षण इकट्ठे हुए, कई व्यक्तियों ने मुझे चाहा, लेकिन आज मैं निपट अकेली रह गयी हूँ। तुम्हारी उस भेंट के बाद से तो मैं उस अकेलेपन का बड़ी तीव्रता के साथ अनुभव कर रही हूँ। मेरे पास तुम्हरी स्मृतिस्वरूप कुछ भी तो नहीं है। मैं इस सबके लिए तुम्हें दोषी हीं ठहराती। तुम्हारे सुखी जीवन को कंटकाकीर्ण नहीं बनाना चाहती। मैंने इस अनिश्चितता का अन्त करने का निर्णय कर लिया है। उसके बाद, मेरी वेदना का आभास तक तुम न पा सकोगे। मैं प्रार्थना करती हूँ कि तुम उस स्त्री को भूल जाना जिसने तुम्हें जीवन-भर प्यार किया, लेकिन जो तुम्हें केवल वेदना ही दे पायी। वह सदा इस बात का इन्तजार करती रही कि तुम उसे बुलाओगे, लेकिन अपने को इस योग्य नहीं बना सकी कि तुम उसे अपने पास देख सकते। उस रात मुझे ऐसा लगा था कि जैसे तुम मुझे बुलानेवाले हो और तुम अब मेरे सम्मान के साथ

खिलवाड़ नहीं करोगे। लेकिन कहाँ तुम और कहाँ मैं! कहाँ माथे का चंदन और कहाँ पैरों की धूल! न, अब बुलाने की आवश्यकता नहीं है। तुमने मुझे कभी भी तो कोई आज्ञा नहीं दी। प्रार्थना करती हूँ कि अब भी कोई आज्ञा न देना। क्या ही अच्छा होता कि तुम मुझे पहचान न पाते। लेकिन, तुम तो मुझे अच्छी तरह पहचानते हो। इसलिए मेरा कहना है कि उस पहचान को धूमिल न करना और करुणा के आवेग में आकर वह गलती न कर बैठना, जो अकसर लोग ढलती उम्र में कर बैठते हैं।

अब अधिक नहीं लिख सकती। ऐसा लग रहा है कि जैसे तुम वह गलती करनेवाले हो। इसीलिए मैंने तुम्हारी आज्ञा न मानने का निश्चय कर लिया है। अब मैं तुम्हें वह अवसर ही नहीं दूँगी, जिससे मैं तुम्हारी आज्ञा का पालन न कर सकूँ। मैंने तुम्हें बहुत कुछ लिखा है। न जाने कितनी रातों में बैठकर लिखा है। कितनी बार लिखा, कितने पन्ने फाड़े, आज उन सभी को नये सिरे से एक सूत्र में पिरोने का प्रयत्न कर रही हूँ। लेकिन जैसे मेरा जीवन अस्त-व्यस्त रहा, वैसे ही यह पत्र भी अस्त-व्यस्त है। बस, अब एक अन्तिम बात और है...

सोचती थी कि अब कुछ नहीं लिखूँगी। चुपचाप, किसी भी तरह हो, मृत्यु का आलिंगन कर लूँगी। लेकिन तुम्हारे आने के बाद से मुझे ऐसा लग रहा है कि जैसे मेरी मृत्यु का समाचार पाकर तुम्हें वेदना होगी और मैं नहीं चाहती कि तुम्हें किसी तरह की पीड़ा हो। तुम्हारी आँखों का वह गीलापन मुझे अभी तक परेशान किये हुए है। मैं समझ नहीं पा रही कि क्या करूँ, जिससे तुम सुखी हो, और जिससे तुम्हारे मन में मेरे प्रति सम्वेदना न जागे। मुझे ऐसा लगता है कि मेरा मरना भी तुम्हें सुखी नहीं कर सकेगा, तो फिर क्या करूँ...

इसी उधेड़-बुन में थी कि मुझे राह सूझ गयी। राह एकाएक नहीं सूझी। घटनाएँ कुछ इस तेजी से घटीं कि मैं उलझन से बाहर निकलती चली गयी। आज तो जैसे उन सबका अन्त आ गया है। तुम्हारी वेदना

और मेरी पीड़ा—सबका ही अन्त आ गया है। सच कहती हूँ और सच कहने के अलावा मेरे पास रह ही क्या गया है! आज तो जैसे सब कुछ पारदर्शी हो गया है। छिपाना चाहूँ तो भी छिपा न सकूँ।

तुम्हारे जाने के कई महीने बाद तक मैं बहुत परेशान रही। सबको यह विश्वास हो चला था कि मैं बहुत जल्दी पागल हो जाऊँगी। सुनती हूँ, मैं कभी-कभी बाहर चली जाया करती, रात-रात-भर नहर के पुल पर बैठी रहती, मुझे कुछ याद नहीं। लेकिन, जब मुझे बताया जाता है तो मस्तिष्क के किसी कोने में जैसे चुम्बक-सी उठती है और क्षण-भर के लिए भाँग का नशा करनेवाले की तरह मुझे होश आ जाता है। यह भी कह सकती हूँ कि बेहोश हो जाती हूँ और उस अवस्था में मुझे वह दृश्य दिखायी देते हैं जिनको मैं भूल गयी हूँ। शायद उस दिन मैं कई हफ्ते बाद बाहर निकली थी। खाने-पीने का बन्दोबस्त करना था कि अचानक द्वार पर किसी की आहट सुनी। अब मेरे द्वार पर शायद ही कोई आता था। मुझे आश्चर्य हुआ, लेकिन वह आहट रुकी नहीं। कोई सीधे भीतर चला आया। मैंने पहचाना, वह यशोदा थी। ऐसा लग रहा था जैसे वह बहुत प्रसन्न हो। मनोज उसके साथ नहीं था। मैंने अचकचाकर कहा, "यशोदा तुम!"

वह मुसकराते हुए बोली, "हाँ, मैं ही हूँ।"

मैंने पूछा, "कहाँ हो, कैसी हो?"

वह हँस पड़ी, "बहुत अच्छी हूँ, शहर में रहती हूँ।"

मैंने फिर पूछा, "मनोज कहाँ है? अच्छा है ना?"

इस बार उसने उत्तर नहीं दिया। चुपचाप बैठ गयी। न जाने क्यों, मेरा दिल धक्-धक् कर उठा। तुरन्त पूछा, "तुमने जवाब नहीं दिया! वह ठीक तो है?"

वह हँस पड़ी, "ठीक क्यों नहीं! अब तो वह बिलकुल ठीक होगा। सब सुख-दुख से परे पहुँच गया है।"

मैं काँप उठी, "क्या कहती है!"

सहसा उसकी आँखों से आँसू झरने लगे; और देखते-देखते उसकी सिसकियाँ बँध गयीं। मैं चुपचाप उठी और उसका सिर अपनी

छाती पर रख लिया। वह देर तक रोती रही और मैं उसकी कमर सहलाती रही। जब बहुत दूर हो गयी तो मैंने धीरे से पूछा, "यह सब कैसे हुआ? तुमने मुझे खबर तक नहीं की?"

उसने उत्तर दिया, "तुम्हें खबर देने का साहस कहाँ से लाती?"

और उसके बाद, उसने जो कहानी सुनायी, उसको विस्तार से यहाँ कहकर मैं तुम्हारा दिल दुखाना नहीं चाहती। कलाकारों की अनुभूति बहुत कोमल होती है। सुनकर तुम रो पड़ोगे; क्योंकि वह कुछ भी हो, तुम्हारा ही तो बेटा था। यह दवा के अभाव में नहीं मरा। उसको पैसों का भी अभाव नहीं था। लेकिन एक अभाव था जिसके कारण वह किसी को अपना न कह सका। उसकी माँ भी उसकी न हुई, क्योंकि अगर वह उसकी होती तो मेरे पास रह सकती थी। लेकिन मैं उसको दोष नहीं दूँगी। वह नारी पहले थी और माँ पीछे। नारी की सार्थकता की मृगतृष्णा में फँसकर उसने अपनी कोख के रत्न को खो दिया। दीपू ने मुझसे प्रतिज्ञा करके भी उसको अपनाया नहीं। कहूँगी कि स्वयं यशोदा का अहं इसके लिए कुछ सीमा तक दोषी है। दोषी तो मैं कहती हूँ क्योंकि मैं पुराने युग की हूँ। वैसे उसका कोई दोष नहीं। जहाँ नारी को अपने सम्मान की तनिक भी शंका हो, वहाँ उसे नहीं रहना चाहिए। मेरा मस्तिष्क इस बात को स्वीकार करता है। लेकिन अपने दिल का क्या करूँ? वह तो तुम्हें भी दोषी नहीं ठहराता। कुछ भी हो, यशोदा वहाँ से चली गयी। उसे बहुत कठिनाई नहीं हुई। उसने एक और शादी कर ली। इस बार उसने समझदारी से काम लिया। इस बार जिस पति को उसने चुना, वह अपेक्षाकृत अधेड़ था। उसे पत्नी की आवश्यकता भी थी और अपने दो बच्चे के लिए माँ की भी।

उस घर में मनोज को भी कोई बहुत दुःख नहीं था। लेकिन न जाने कैसे उसके शिशु मन पर यह प्रभाव पड़ गया कि यह उसका घर नहीं है। उसका नया बाप भी उसे प्यार करने का प्रयत्न करता था, लेकिन न जाने क्यों उसे उस प्यार में जहर दिखायी देता था। वह पढ़ने जाने लगा था। काम भी ठीक-ठीक करता था। लेकिन बोलता

नहीं था। और कभी-कभी ऐसा व्यवहार करता था कि उसकी माँ भी उसे पीट देती थी। पहली बार जब वह अपनी माँ से पिटा तो सहम गया। दूसरी बार उसने बदले में, अपनी माँ के हाथ में काट खाया और तीसरी बार वह घर से भाग गया। कुछ ही महीनों में उसकी दुनिया बदल गयी। साल होते न होते वह एक समस्या बन गया।

तुम तो मानव-मन के ज्ञाता हो। मेरे बिना कहे ही तुम मेरी कहानी को अच्छी तरह समझ गये होगे। और शायद तुम इसे लेकर एक बहुत सुन्दर मर्मस्पर्शी कथा भी लिख डालोगे। मेरा सुझाव है, उस कहानी का नाम रखना, 'मेरा बेटा'। क्योंकि एक लेखक के लिए अपने प्रिय का श्राद्ध करने का इससे और कोई सुन्दर तरीका नहीं हो सकता। तुम्हारी इस कहानी को पढ़कर लाखों व्यक्ति आँसू बहाएँगे। हो सकता है कि उनमें से दो-चार इस बात की प्रतिज्ञा भी कर लें कि वे अपने इस प्रकार के बेटों को अपने से अलग नहीं होने देंगे। सोचो तो, यह कितनी बड़ी बात होगी!...

काश, मैं लेखिका होती, तो दुनिया को यह बताती कि यह सीधी-सादी दुनिया, यह शान्त-सौम्य संसार कितने भयंकर ज्वालामुखी के ऊपर खड़ा हुआ है। असंख्य दरारों में से होकर ज्वालामुखी की लाल-लाल लपटें अकसर धरती की सतह पर दिखायी देती हैं, लेकिन दुनियावाले उनको तब तक नहीं देख सकते जब तक कि वे अपने चश्मे न उतार लें। मैं यह जानती हूँ कि मेरा यह पत्र एक दिन तुम जरूर प्रकाशित कर दोगे और इसको पढ़कर अधिकांश व्यक्ति, जिनमें बड़े-बड़े लेखक और शिल्पी भी होंगे, यही कहेंगे कि ऐसा कदापि नहीं हो सकता। होता है तो अपवाद है। अपवाद नियम नहीं हो सकता।...

मैं क्या लिख गयी! कभी-कभी बिलकुल पागल हो जाती हूँ। अपने प्रिय से अन्तिम बिदा लेते समय कोई भला ऐसी कड़वी बात कहता है! ना, इस अन्तिम समय में मैं तुम्हारा जी नहीं दुखाऊँगी। जो भावितव्य है उसे हँसते-हँसते स्वीकार करूँगी।

अन्तिम बार, बस अन्तिम एक बार और कहना चाहती हूँ। यशोदा मेरे पास अधिक देर नहीं ठहरी, लेकिन जितनी देर वह रही,

उसने मुझसे बहुत कुछ कहा। वह बहुत कुछ इतना असह्य था कि मुझे ऐसा लगने लगा कि मैं यशोदा को मार-मारकर अपने घर से बाहर निकाल दूँ। उसको भला क्या अधिकार था कि वह तुम्हारे ही घर में बैठकर तुम्हारी ही परिणीता के सामने तुम्हें गालियाँ दे? उसने तुम्हें बहुत कोसा। उस दिन ही मैं समझ पायी कि पानी पी-पीकर कोसना क्या होता है। उसने तुम्हारे नाम एक बड़ा भयंकर पत्र भी लिखा था। उससे छीनकर मैंने उसे जला दिया था। उसकी याद करके मैं अब भी काँप रही हूँ। कोई भी नारी, उस पुरुष के लिए, जिससे उसका किसी न किसी प्रकार का सम्बन्ध हो चुका है, कैसे ऐसी बातें लिख सकती है, और फिर तुम्हारे लिए! तुम तो इतने महान् हो कि तुमने उसके नारीत्व को सार्थक कर दिया था, उसे माँ बना दिया था!

मैं तो इसी एक बात के लिए तरसती रह गयी। मेरे लिए यह आकांक्षा आकाश-पुष्प बनी रही। मैं बड़ा प्रयत्न कर रही हूँ कि उस पत्र की छाया मेरी लेखनी पर न पड़े। लेकिन इस घोर प्रयत्न के बावजूद मैं कहीं-कहीं बहक गयी हूँ। उसके लिए बार-बार क्षमा माँगती हूँ। मेरे अच्छे मालिक, मेरे सरताज, मुझे माफ कर देना। मैं बावली होती जा रही हूँ।

तुम नहीं जानते कि अभी पिछले हफ्ते जब सब कुछ समाप्त होता जा रहा था, हतप्रभ-विमूढ़ मैं कुछ सोच नहीं पा रही थी, तब दीनू मेरे पास आया। सदा की तरह कुछ सहमा हुआ वह पुरुष मेरे पास आकर बैठ गया। वह कुछ कहना चाहता था, पर कह नहीं पा रहा था। मैंने चुपचाप दृष्टि उठाकर उसकी ओर देखा। वह कुछ बदला-बदला-सा, कुछ बूढ़ा-सा नजर आया। मैंने उसके साथ काफी दिन बिताये थे। उस सबकी कहानी मैं तुम्हें सुना चुकी हूँ। इस क्षण तो मैं यही स्वीकार करना चाहती हूँ कि मेरे मन में उसके प्रति एक आकर्षण पैदा हो गया था। यह बात मैं तब नहीं जान पायी थी। लेकिन पिछले दिनों में जब मैं सब कुछ से अपना नाता तोड़ चुकी थी और जब मैं तुम्हारे बहुत पास आती जा रही थी, कहीं तुम यह न समझ लेना कि मैं तुमसे बहुत दूर हो गयी थी। लेकिन मैं उस

बात को शब्द नहीं दे पा रही हूँ। तुम्हें वह घड़ी भेजने के बाद से मैं केवल तुम्हारी ही बात सोचती थी, तुम्हारी ही आहट सुनती थी, तुम्हारी ही मूर्ति मेरी आँखों में उभरती थी। और उस दिन से जब तुमने इस कोठरी में खड़े होकर, जिसमें पिछले तीस वर्ष मुझे तुम्हारे साथ बिताने थे, तुमने मेरे लिए वे शब्द कहे, तो मुझे ऐसा लगा था कि सचमुच ही मैं तुमसे बहुत दूर हूँ। तब से मैं यही सोचती रही थी कि क्या सचमुच ही मैं तुमसे दूर थी!

नहीं मेरे मालिक, तुम मुझसे दूर हो सकते हो, पर मैं तुमसे दूर नहीं हूँ। पर क्या यह आश्चर्य की बात नहीं है कि मैं ऐसा भी अनुभव करती रही हूँ कि यदि दीनू मेरे पास होता तो तुम्हारे और मेरे बीच की दूरी को कम कर पाता। यह कैसी अजीब बात है। मैं उसे चाहती थी, केवल तुम्हारे लिए।

तुम बहुत बड़े लेखक हो, मन के अंधकूपों में जाकर मनुष्य की खोज करते हो। क्या तुम कभी इस रहस्य का पता लगा सकोगे कि आखिर यह सब क्या था? दीपू का बड़ा भाई, दीपू, वह साधु, और दीनू और तुम, क्या सचमुच ये सब अलग-अलग हैं? क्या सचमुच मेरे लिए (मैं जैसी भी कुछ हूँ, नारी हूँ, मेरे लिए) इन सबका कोई अलग-अलग व्यक्तित्व है?

जाने दो इन बातों को, सुलझाते रहना इन समस्याओं को। मेरे लिए तो जैसे सब कुछ सुलझ गया है। मैंने दीनू का स्वागत किया। उसकी कहानी सुनी। उसने मुझे बताया कि उसकी पत्नी का देहान्त हो गया है। वह अपने चारों बच्चों को लेकर वहीं नहर पर रहता है। उसके नीचे बहुत-से मजदूर काम करते हैं और दीपू अब श्री दीपचंद वर्मा के नाम से उनका ठेकेदार है। शहर में उसका बहुत बड़ा मकान है। उसने अंतरजातीय विवाह किया है। मजदूरों के प्रति वह काफी सदय है।

दीनू मेरे पास इसलिए आया था कि मैं उसके साथ चलूँ और पहले की तरह मजदूरों की देखभाल करूँ। मैंने उसकी सारी बातें सुन लीं और फिर सिर हिलाकर जोर से हँस पड़ी। बोली, "यह कैसे हो

सकता है? न, अब मैं कहीं नहीं जाऊँगी। हो सकता है कि किसी दिन वे यहाँ फिर आएँ। कम-से-कम इतना विश्वास तो मुझे है ही कि मेरे मरने पर वे मेरी माँग में सिन्दूर भरने के लिए अवश्य आएँगे।"

वह हँस पड़ा। बहुत जोर से हँस पड़ा। सीधा-सादा दीनू एकाएक वाचाल हो उठा। सधे हुए स्वर में बोला, "तुम अपने को ऊँची जाति का मानती हो, तुम ऊँची जाति के लोग कैसे-कैसे झूठे सपनों में खोये रहते हो, कैसे-कैसे झूठे आदर्शों के नीड़ बनाये हैं तुमने! मरते समय तुम्हारी माँग में कोई सिन्दूर भरे, क्या होगा उससे? जीवन लौट आएगा? नये संसार का निर्माण होगा? दुनिया को सुख मिलेगा?"

न जाने उसने क्या-क्या कहा। मैं भौंचक्की-सी उसे देखती ही रह गयी। जैसे-जैसे उसके शब्द मेरे कानों में प्रवेश करते थे, मेरे मस्तिष्क में झनझनाहट-सी उठती थी, जैसे दूर कहीं कुछ झंकृत होता हो। मेरी समझ में कुछ नहीं आ रहा था। एक गहरी धुंध, भयंकर शीत ऋतु का ठण्डा कुहरा, जो शरीर को जमाता चला जाता है, लेकिन कैसा प्यारा लगता है! और उसके बीच में टिमटिमाती हुई रोशनियाँ, वह शान्त स्वर्ग, मृत्यु का वह सुरम्य प्रदेश, मैं जैसे उसमें खो गयी थी। और दीनू चला गया था।

वह चला गया तो मेरी देवरानी आ गयी—सदा की तरह हँसती हुई, उछलती हुई। बोली, "जीजी, आज तो चेहरे पर कुछ रौनक है। क्या जिन्दगी से कुछ मोह पैदा हो गया है? अरे जीजी, छोड़ो इस मातमी सूरत को और छोड़ो अपने उस बलमवा को। आँसू बहानेवाले प्रेम नहीं किया करते। भला जो बादल गरजते हैं, क्या वे बरसते हैं? बरसनेवाले बादल बड़े डरावने होते हैं।"

मैं हठात् बोल उठी, "तो क्या करूँ, तू ही बता न!"

वह व्यंग्य से बोली, "मैं बताऊँ? अरे औरत को भी क्या कभी कुछ बताना पड़ता है?, उठो, उठकर काम-काज में लगो। सब आप ही पता लग जाएगा।"

वह भी चली गयी। दीनू फिर आया। रोज आता रहा। और

कल भी आया था और कह गया था, "इस जीवन का अन्त करो न। इस उलझन को मिटा डालो।"

और मैं भी सोच रही हूँ कि केंचुए की-सी इस जिन्दगी का अन्त कर देना ही ठीक है। तुम सोचोगे कि इस उम्र में यह उत्साह कैसा! औरतों में पचीस-तीस वर्ष तक ही उत्साह रहता है। फिर तो वे चुक जाती हैं। मैं भी चुक गयी हूँ। इसीलिए तो मेरा दिल बहुत घबरा रहा है। मुझसे लिखा नहीं जाता। तुम स्वयं पहचान लोगे कि यह जो अन्तिम पृष्ठों के मेरे अक्षर हैं, पहले के पृष्ठों के अक्षरों से कितने भिन्न हैं। मेरी एक अन्तिम प्रार्थना है, अन्तिम! एकदम अन्तिम! तुम जो नयी पुस्तक लिखो उसे इसी पत्र के आधार पर लिखना, और उसे मेरी स्मृति को समर्पित करना। लिखना, 'उसी को जो मेरी थी'।

मैं तुम्हें विश्वास दिलाती हूँ कि तुम्हें उस पुस्तक पर एक बहुत बड़ा पारितोषिक मिलेगा। उस पारितोषिक से तुम एक ट्रस्ट का निर्माण करना और उसका उद्देश्य रखना–'उन सुहागिनों के लिए जो माँग में सिन्दूर भरकर भी सुहाग का स्पर्श नहीं पा सकतीं।

बस, अब और कुछ नहीं लिखना है। जानती हूँ, तुम मुझे माफ तो कर ही दोगे। मैं नहीं जानती कि मेरा भगवान् में विश्वास सच्चा है या झूठा। यदि वे हों और जहाँ भी हों, वे तुम्हारी रक्षा करें। तुम्हारे मन में मेरी स्मृति जगाये रखें। मेरे प्रिय, तुम मेरी इस स्मृति को जगाये रखना।

मेरे प्रिय, तुम मेरी इस अन्तिम प्रार्थना को निश्चय ही स्वीकार करना। उसके लिए मैं तुम्हें इसी समय धन्यवाद देती हूँ और विश्वास दिलाती हूँ कि अब भी जबकि मैं कुछ क्षण बाद ही तुम्हारे इस पुश्तैनी घर से बहुत दूर हो जाऊँगी, तुम्हें सच्चे मन से प्यार करती हूँ।

अच्छा मेरे प्रिय, मेरे जीवन-धन, मेरे मालिक, मेरे सरताज!

विदा! अन्तिम विदा!! दीनू अब आनेवाला ही होगा। मैं उसकी पदचाप सुन रही हूँ।...

लो, द्वार पर आहट भी होने लगी। पर मैं इतना घबरा क्यों रही हूँ? न, न, मैं घबराऊँगी क्यों? तुमने तो मुझे आज्ञा दे ही दी है। पर

जाने से पहले तुम्हारे इस घर को आग लगा दूँ न? यहाँ न तो तुम आओगे, न अब मैं ही रहूँगी। तब यही क्यों रहे? यह टिमटिमाती लालटेन भी तो आखिरी साँस ले रही है। लेकिन कहीं एक और रोशनी मेरा इन्तजार कर रही है। अच्छा विदा! मेरे स्वामी! विदा मेरे प्रिय!

तुम्हारी
एक परिचिता

पुनश्च

मुझे बहुत दुख के साथ आपको यह सूचना देनी पड़ रही है कि आपके घर को आग लगाकर आपकी वह परिचिता बच नहीं सकी। वह भी उसकी लपटों में बुरी तरह झुलस गयी। कुछ लोग कहते हैं, मकान में लपटें देखकर सबसे पहले दीपू का बड़ा भाई वहाँ पहुँचा था। उसी ने उसे धक्का दे दिया। कुछ लोग समझते हैं कि यह सब आकस्मिक था। लेकिन मैं जानती हूँ कि यह सब पूर्व-नियोजित था। सुनोगे? उसने आत्महत्या की है। उसका अपराध-बोध मिट नहीं सका। यह अपराध-बोध और कुछ नहीं, संस्कार-बोध ही तो है। बेचारी संस्कारों से ऊपर न उठ सकी और जल मरी। हारी, थकी, जर्जर, पराजिता—उसे टूटना था, टूट गयी। हत्या होनी थी, हो गयी। यह हत्या ही है। कुछ आत्महत्याएँ विशुद्ध हत्याएँ ही होती हैं।

वह कई दिन अस्पताल में अर्ध-संज्ञा में पड़ी रही। मैंने बहुत प्रयत्न किया कि कुछ पूछ सकूँ। पर एक बार अपनी झुलसी हुई भयानक पलकों को उठाने के अतिरिक्त वह कुछ न कर सकी। ओह! वह भयानक रिक्त दृष्टि! मैं उसे सह न सकी। नहीं जानती किस तरह घर लौटी। वहाँ डाक से आया यह पत्र मिला। इसे तुम तक पहुँचा दूँ, यह प्रार्थना उसने मुझसे की थी। वही पूरी कर रही हूँ। आश्चर्य यह है कि स्थान-स्थान पर उसने मेरे पत्र से वाक्य के वाक्य उद्धृत कर दिये हैं। इस प्रकार इस पत्र में मैं भी आ गयी हूँ। मुझे इस बात की खुशी है।

—यशोदा